人民币汇率对中国出口贸易的影响研究

曾　智/著

湖北省社会科学基金一般项目“人民币汇率波动与失衡对中国出口贸易的影响研究”（项目编号：2017033）资助出版

科学出版社
北　京

内 容 简 介

根据国际经济学理论，汇率通常是影响一国出口贸易的重要因素。在2008年国际金融危机之后，世界经济复苏缓慢，中国对外贸易发展正面临着诸如外部需求萎缩、出口增长放缓、外汇市场大幅波动等困难。与此同时，中国经济发展步入新常态也对对外贸易发展提出了新要求，需要通过优化出口商品结构、促进对外贸易平衡发展来实现中国经济转型升级的目标。鉴于中国出口贸易在促进经济增长和吸纳就业方面的重要作用，本书在回顾人民币汇率及中国出口贸易发展的基础上，从人民币汇率变动水平、人民币汇率错位和人民币汇率浮动幅度三个角度系统研究人民币汇率对中国出口贸易的影响。

本书适合高等院校金融学、经济学、管理学等专业的研究生，以及外汇市场参与者与管理者阅读参考。

图书在版编目（CIP）数据

人民币汇率对中国出口贸易的影响研究 / 曾智著. —北京：科学出版社，2018.5

ISBN 978-7-03-057274-5

Ⅰ. ①人… Ⅱ. ①曾… Ⅲ. ①人民币汇率-汇率波动-影响-出口贸易-研究-中国 Ⅳ. ①F752.62

中国版本图书馆CIP数据核字（2018）第084236号

责任编辑：徐 倩 / 责任校对：张凤琴
责任印制：吴兆东 / 封面设计：无极书装

科学出版社 出版
北京东黄城根北街16号
邮政编码：100717
http：//www.sciencep.com
北京虎彩文化传播有限公司 印刷
科学出版社发行 各地新华书店经销
*
2018年5月第 一 版 开本：720×1000 B5
2018年5月第一次印刷 印张：7 3/4
字数：146 000

定价：58.00元

（如有印装质量问题，我社负责调换）

前　　言

自 2002 年以来，中国经常项目顺差和资本项目顺差持续大幅增加，人民币汇率问题再次成为各方关注的焦点。在 2005 年 7 月 21 日，中国人民银行宣布将人民币盯住美元的汇率制度改为参考一篮子货币调节，并将人民币对美元名义汇率上调 2%。此后，人民币对美元名义汇率大体保持了上升趋势。另外，2014 年 3 月 14 日，中国人民银行发布公告宣布，自 2014 年 3 月 17 日起，银行间即期外汇市场人民币兑美元交易价浮动幅度由 1%扩大至 2%。可见，随着中国市场经济改革的深入和对外开放步伐的加快，人民币汇率水平和波动幅度都在发生着深刻变化。

根据国际经济学理论，汇率通常是影响一国出口贸易的重要因素。在 2008 年国际金融危机之后，世界经济复苏缓慢，中国外贸发展正面临着诸如外部需求萎缩、出口增长放缓、外汇市场大幅波动等困难。与此同时，中国经济进入新常态也对中国外贸发展提出了新要求，需要通过优化出口商品结构、促进外贸平衡发展来实现中国经济转型升级的目标。鉴于中国出口贸易在促进经济增长和吸纳就业方面的重要作用，研究人民币汇率对我国出口贸易的影响就具有重要的现实意义。

人民币汇率对中国出口贸易的影响并不是简单的二元关系问题，汇率对进出口商品价格的传递程度、不同国家通货膨胀水平的差异和人民币升值周期与美元贬值周期叠加等因素都会强化或对冲掉人民币升值对中国出口贸易的影响。因此，本书立足国际收支分析框架和理论体系，从人民币汇率变动、人民币汇率错位程度和人民币汇率波动幅度的角度，通过实证研究来考察人民币汇率对中国出口贸易的整体影响，正确认识在不同条件下，人民币汇率对中国出口贸易的作用规律。

在写作本书的过程中，笔者得到了湖北医药学院公共卫生与管理学院和武汉大学经济与管理学院相关领导和老师的帮助，在此表示衷心的感谢。还要感谢科学出版社徐倩编辑的特别帮助。由于笔者水平有限，书中难免有疏漏之处，敬请读者批评和指正。当然，文责自负。

曾　智
2017 年 12 月

目　　录

第1章 绪 论

自2002年以来，中国经常项目顺差和资本项目顺差持续大幅增加、外汇储备激增，人民币汇率问题再次成为各方关注的焦点。2005年7月21日，中国人民银行宣布将人民币盯住美元的汇率制度改为参考一篮子货币调节，并将人民币对美元名义汇率上调2%。此后，人民币对美元名义汇率大体保持了上升趋势，截至2014年12月底，人民币对美元名义汇率升值幅度接近25%。由于汇率是影响一国出口贸易的重要因素，而改革开放近40年来出口贸易一直是推动中国经济增长的重要力量，所以研究人民币汇率变动、人民币汇率错位及人民币汇率波动幅度对中国出口贸易的影响具有重要意义。

本书主要研究1994年人民币汇率并轨以来，人民币汇率对中国出口贸易的影响。从人民币汇率形成机制的角度来看，1994年以后，人民币汇率形成机制发生了数次重要的变化：第一次是在1994年1月1日，为了“改革外汇管理体制，建立以市场供求为基础的、有管理的浮动汇率制度和统一规范的外汇市场，逐步使人民币成为可兑换货币”，中国人民银行宣布将人民币的官方汇率和市场调剂汇率并轨，形成以市场供求为基础的单一人民币汇率，并建立了统一的银行间外汇市场进行银行结售汇；第二次是在2005年7月21日，中国人民银行宣布实行以市场供求为基础的人民币汇率制度，人民币不再单一盯住美元，而是调整为更富有弹性的人民币汇率形成机制；第三次是在2010年6月19日，中国人民银行决定进一步推进人民币汇率形成机制改革，增强人民币汇率弹性；第四次是在2012年4月12日，中国人民银行宣布自2012年4月16日起，银行间即期外汇市场人民币兑美元交易价浮动幅度由5‰上升至1%；第五次是在2014年3月14日，中国人民银行宣布自2014年3月17日起，银行间即期外汇市场人民币兑美元交易价浮动幅度由1%上升至2%。可见，随着中国市场经济改革的深入和对外开放步伐的加快，人民币汇率水平和波动幅度都在发生着深刻变化。历史经验告诉我们，任何国家在其经济起飞阶段都会伴随本币升值，中国目前经济体量不断增加并保持平稳上升势头，因此，我们要做好人民币汇率会长期、缓慢和渐进升值的准备。

此外，改革开放近40年来，中国出口贸易发展非常迅速，有效地推动了中国经济快速增长。考虑到中国出口贸易对中国经济增长的贡献，在人民币汇率形成机制改革过程中，人民币汇率对中国出口贸易的影响一直都是决策者思考的关键问题。根据《中国统计年鉴2014》公布的数据，1979～2013年，中国国内生产总值（gross domestic product）年均增长 9.8%，人均国内生产总值年均增长 8.7%。与韩国、新加坡等亚洲新兴工业化国家经济发展情形类似，中国经济发展的重要特征之一就是出口导向型经济。在中国各项经济发展指标中，对外贸易的比重不断增加，外贸总额从 1978 年的 206.4 亿美元增长到 2013 年的 41 589.9 亿美元，其中，出口总额从 1978 年的 97.5 亿美元上升到 2013 年的 22 090 亿美元，在世界出口总额中的比重由 0.69%增加到 12.01%。中国对外贸易的飞速发展使中国出口额在世界的排名从 2003 年开始不断上升：2003 年超过了法国，2004 年超过了日本，2007 年超过了美国，2009 年超过德国成为世界第一出口大国。与此同时，出口贸易在中国大陆经济发展中的作用越来越重要，2013 年中国的外贸依存度约为 46%，出口贸易占 GDP 的比重约为 24.06%，即中国约四分之一的经济资源集中在出口行业，鉴于多数出口贸易行业的劳动密集型特征，其吸收的劳动力就业人口远超就业人口的四分之一。由此可见，中国出口贸易的平稳增长不但可以有效促进中国经济增长，也可以为稳定就业做出重要贡献。

影响中国对外贸易发展的因素有很多，其中一个重要因素就是人民币汇率问题，在当前人民币升值的大背景下，人民币不断升值造成工业利润逐渐向境外流失，一些外贸加工企业陷入经营困境。特别是在 2008 年上半年，由于受到全球金融危机和人民币升值的双重冲击，广东、浙江等沿海地区从事纺织服装和农产品加工的中小企业出现了大规模的倒闭和停产，大量工人失业。人民币升值固然可以倒逼出口贸易企业转型升级，但是考虑到出口贸易对促进经济发展的贡献，如何有效对冲人民币汇率形成机制改革过程中对中国出口增长的负面冲击一直是政学两界讨论的热点问题。

在 2005 年 7 月人民币汇改之前，鉴于中国出口需求价格弹性较大和大部分出口行业利润率偏低的事实，多数学者认为人民币升值会显著影响中国出口。但是在 2006 年伴随着人民币兑美元名义汇率的持续升值，中国出口依旧保持着强劲的增长势头，全年出口总额同比增幅为 26.1%。因此，从 2006 年开始，部分学者认为人民币名义汇率升值对中国出口贸易影响不大（梁琦和徐原，2006；孙宵翀和宋逢明，2008）。

但是人民币汇率对中国出口贸易的影响并不是简单的二元关系问题，汇率对进出口商品价格的传递程度、不同国家通货膨胀水平的差异和人民币升值周期与美元贬值周期叠加等因素都会强化或者对冲掉人民币升值对中国出口贸易的影响。单从人民币汇率角度考虑，其对出口贸易的影响机制也很复杂。理论上，人民币升值对出口贸易有抑制作用，但考虑到人民币升值通过国内吸收对中国出口的间接影响及 J 曲线效应，人民币升值短期内不一定会减少出口；另外，随着中国人民银行不断加大人民币兑美元名义汇率的波动区间，人民币汇率波动幅度作为汇率风险的重要代理变量，其对中国出口贸易的影响也有待检验。因此，人民币汇率对中国出口贸易的影响可能并不是纯粹的促进作用或抑制作用。基于上述考虑，本书将从人民币汇率变动、人民币汇率错位程度和人民币汇率波动幅度的角度，通过实证研究来考察人民币汇率对中国出口贸易的整体影响，正确认识在不同条件下，人民币汇率对中国出口贸易的作用规律。

1.1　汇率的有关概念

汇率是指本币与外币之间的比价关系，从不同的角度出发，汇率可以有许多不同的定义。例如，按照汇率制度来划分，汇率制度可以分为固定汇率制度、浮动汇率制度和有管理的浮动汇率制度等；如果从名义变量角度和实际变量角度出发，汇率又可以分为名义汇率和实际汇率；如果从双边贸易和多国贸易角度考虑，汇率又可以分为双边汇率和有效汇率；如果从汇率标价方式的角度考虑，汇率标价法可分为直接标价法和间接标价法；此外，在外汇市场上又有基准汇率和套算汇率，买入汇率、卖出汇率及中间汇率，即期汇率和远期汇率的区别。我们只对在下文实证分析中将要使用到的几种概念加以辨识。

1.1.1　直接标价法和间接标价法

直接标价法（direct quotation）是指以一定单位（1 或 100 或 10 000 单位）的外国货币为标准，折算成本国货币时所表示的汇率。此时汇率越高表示以单位外国货币能够换取的本国货币越多，意味着本币贬值；汇率越低表示以单位外国货币能够换取的本国货币越少，意味着本币升值。

间接标价法（indirect quotation）是指以一定单位（1 或 100 或 10 000 单位）的本国货币为标准，折算成外国货币时所表示的汇率。此时汇率越高表示以单位本币能够换取更多的外国货币，意味着本币升值；汇率越低表示以单位本币只能够换取更少的外国货币，意味着本币贬值。

由此可以看出，在使用不同标价法时，汇率水平上升表示的含义截然不同。目前世界上大部分国家都使用直接标价法表示本币汇率水平，只有英国和美国使用直接标价法表示本币的汇率。中国人民银行发布的人民币兑美元、欧元、日元等汇率均以单位外国货币为标准，折算成若干单位的人民币，即直接标价法汇率。在本书后面几章的实证分析过程中将指明所用的汇率标价方式，避免出现混淆的情况。

1.1.2　名义汇率和实际汇率

名义汇率（nominal exchange rate）是指我们在日常生活中见到的被直接公布

的、用来表示两国法定货币间比价关系的汇率，它没有包含两国商品价格对货币价值的影响。

实际汇率（real exchange rate）考虑了两国价格水平对汇率的影响，是研究汇率问题的一个核心概念。因为实际汇率可以反映一个经济体国际竞争力的变化，或者是福利水平的变化，或者是对国内不同经济部门激励机制的变化，因此实际汇率被广泛应用于有关汇率问题的实证研究。而实际汇率又被分为外部实际汇率和内部实际汇率。

具体来说，外部实际汇率是指从购买力平价出发，用两国价格指数对名义汇率进行调整后的汇率。如果名义汇率 E 使用直接标价法，那么实际汇率可以表示为 $e=\frac{P^{*}E}{P}$，其中，P^{*} 为用外币表示的外国商品的价格；P 为用本币表示的本国商品的价格，此时 e 上升表示本币实际汇率贬值，e 下降表示本币实际汇率升值；如果名义汇率 E 使用间接标价法，那么实际汇率 $e=\frac{PE}{P^{*}}$，此时 e 上升表示本币实际汇率升值，e 下降表示本国实际汇率贬值。另外，当我们使用不同的物价指数［如 CPI 居民消费价格指数（consumer price index）、PPI 生产价格指数（producer price index）、GDP 平减指数（GDP deflator）］时，外部实际汇率又可以衍生出更多不同的种类。

与外部实际汇率相对应的是内部实际汇率，所谓内部实际汇率，是指国内贸易品价格指数与国内非贸易品价格指数的比值，通过这种价格的相对变化，我们可以判断该国在贸易品和非贸易品生产与消费方面的变化，并据此从国内投资、生产和消费的角度解释对外贸易的变化。例如，如果国内贸易品相对非贸易品价格指数上升，说明此时贸易品生产部门利润率上升，会有更多的资源流入贸易品部门的生产，而且随着贸易品价格指数的上升，消费也会从贸易品转向非贸易品。贸易品对非贸易品相对价格的上升刺激了贸易品的供给，同时减少了贸易品的需求，在一定程度上可以改善一国的贸易余额。因此，内部实际汇率常常被看成是反映一国贸易品部门与非贸易品部门内部竞争力的指标。

虽然内部实际汇率在理论上界定得十分明确，但是在实际测算时会遇到很多困难。例如，我们往往很难准确划分贸易品和非贸易品的类别。虽然原则上贸易品是指那些事实上对外贸易的商品和能进行对外贸易的商品，而非贸易品是指那些无法进行对外贸易的商品，但是随着生产技术、经济政策及人们偏好的变化，贸易品与非贸易品之间的界限十分模糊。另外，在各国的经济统计中没有专门区分贸易品和非贸易品，导致在计算内部实际汇率时会遇到数据搜集的困难。

从外部实际汇率和内部实际汇率的概念我们可以看出，两者在计算方法和设计理念上存在很大差异，从它们服务的功能出发，可以对相关研究提供不同的视角。例如，无论是贸易品衡量的外部实际汇率还是内部实际汇率，都可以用来解释一国贸易余额的变化，而区别在于贸易品衡量的外部实际汇率侧重于从对外竞争的角度解释贸易余额的变化；而内部实际汇率则是从贸易品和非贸易品国内相对竞争角度解释贸易余额的变动。

1.1.3 双边汇率和有效汇率

日常生活中人们说的汇率一般为双边汇率（bilateral exchange rate），即两国的名义汇率或实际汇率。但是在考虑多国贸易对汇率的影响时，我们又可以引申出有效汇率（effective exchange rate）的概念。具体来说，有效汇率是指对一国与多国的双边汇率进行加权，而权重往往是该国与各国贸易在该国对外贸易总额中所占的比重。有效汇率是研究汇率问题的一个重要概念，通常被用于度量一个国家贸易商品的整体竞争力，也可以被用于度量一个国家居民生活水平的高低。在计算有效汇率时有两种不同的方法，即对双边汇率进行几何加权或者进行代数加权。与代数加权相比，几何加权具有对称性和一致性的特点，因此更具优越性。代数加权计算的实际有效汇率变动百分比会因为基期选择的不同而发生变化，而几何加权得到的实际有效汇率变动不会出现这种问题。另外，代数加权加大了波动幅度较大的双边汇率的权重，而几何加权则完全对称地对待每个双边汇率，不论其波动幅度的大小。

与名义汇率和实际汇率相对应，有效汇率也被分为名义有效汇率（nominal effective exchange rate，NEER）和实际有效汇率（real effective exchange rate，REER）。一国货币的名义有效汇率等于其本币与所有贸易伙伴国货币双边名义汇率的加权平均，一国的实际有效汇率等于其本币与所有贸易伙伴国双边实际汇率的加权平均。

1.2 研究内容和研究方法

本书拟从人民币汇率水平变动、人民币汇率错位和人民币汇率波动率三个角度研究人民币汇率对中国出口贸易的影响，具体如图 1.1 所示。首先，对汇率与国际收支关系进行理论回顾。其次，在总结人民币汇率制度变迁和中国出口贸易现状的基础上研究人民币汇率对中国出口的影响，主要沿三条线索展开——人民币汇率水平变动对中国出口贸易的影响、人民币汇率错位对中国出口贸易的影响、人民币汇率水平波动率对中国出口贸易的影响。最后，针对理论和实证分析结果，提出相关对策建议。

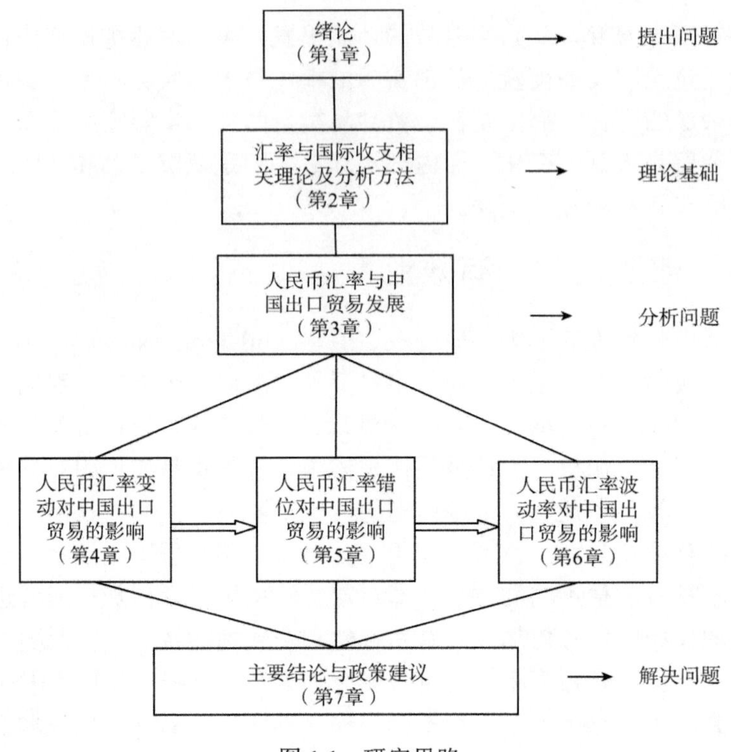

图 1.1 研究思路

1.2.1 研究内容

本书首先在理论上总结了汇率对贸易收支的影响机制，然后以此为基础，分析了人民币汇率对中国出口贸易的影响。实证上，分别从人民币汇率水平变动、人民币汇率错位和人民币汇率波动率的角度讨论人民币汇率对中国出口贸易的影响。最后，以人民币汇率贸易效应的实证研究为主要依据，分析相关汇率政策含义，提出对应的政策建议。

第 1 章首先介绍了本书的研究背景与意义；其次简要介绍了几种汇率的分类方法，为后面的实证章节做铺垫；最后介绍了本书的研究内容和研究方法。

第 2 章主要回顾了汇率与国际收支关系的几种相关理论与分析方法，分别是国际收支的弹性分析法、国际收支的收入分析法、国际收支的货币分析法及汇率波动对出口贸易影响的理论模型。

第 3 章对人民币汇率制度变迁、人民币汇率变动路径和中国出口贸易的状况进行梳理和简要分析。首先根据人民币汇率制度变化将中华人民共和国成立以来的人民币汇率制度变迁划分为六个阶段，具体分析每个阶段中人民币汇率制度的特点；其次着重分析了在 1994 年汇改之后人民币兑美元、欧元、英镑、日元和韩元等几种货币的名义汇率走势，以及人民币实际有效汇率及名义有效汇率变动情况；最后从出口规模、出口商品结构和出口贸易方式等角度回顾了中国出口贸易发展现状。

第 4 章从人民币汇率水平变动角度分析了其对中国出口贸易的影响。首先从实际汇率与名义汇率关系、贸易出口方式和贸易国别角度简要说明了汇率对出口贸易影响可能被弱化的原因，然后使用多项式分布滞后模型测算和比较人民币汇率变动对出口贸易的影响。

第 5 章从人民币汇率错位角度分析其对中国出口贸易的影响。首先介绍了目前计算行为均衡汇率水平的主流方法，考虑到在使用行为均衡汇率单方程估计法计算均衡汇率水平时其数据要求容易得到满足，而且相关的实证研究工作量相对较小，在研究发展中国家均衡汇率时被广泛使用，故本章使用行为均衡汇率法测算人民币实际有效汇率的均衡水平及错位程度；然后通过建立具体理论模型和计量模型，利用中国 1994～2014 年季度数据分析了人民币均衡汇率及其错位情况；最后根据样本选择要求划分了人民币均衡汇率高估阶段和低估阶段，并具体分析了在不同错位阶段人民币汇率错位对中国出口贸易的影响。

第 6 章从人民币汇率波动角度分析其对中国出口贸易的影响。首先使用 GARCH（1，1）模型计算得到人民币实际有效汇率的条件标准差，以此作为人民币实际有效汇率波动的代理变量。考虑到很多学者注意到了汇率波动的非线性调整（Taylor，2006；Lothian and Taylor，2008），接下来使用平滑转换回归模型（smooth transition regression model，STR）分析人民币实际有效汇率波动对中国出口贸易可能存在的影响，结果发现在不同时期和转换区制下，人民币实际有效汇率波动对中国出口影响的方向和程度有明显区别。最后，本章选取国际油价作为外部冲击因素，进一步在开放经济背景下考察人民币实际有效汇率波动对中国出口的影响，结果依然稳健，而且，采用非线性 Granger 检验确认了人民币实际有效汇率波动和国际油价对中国出口贸易的单向非线性影响。

第 7 章为主要结论与政策建议。本章首先简要归纳本书的基本结论，然后阐述实证研究结论的主要政策含义，提出人民币汇率改革和促进外贸发展的相关政策建议。

1.2.2 研究方法

本书不仅要分析人民币汇率升值是否会显著阻碍中国出口贸易增长，还要分析人民币在低估和高估阶段对出口贸易的影响，同时也要考虑人民币汇率波动幅度变化的贸易效应。为此，本书将从人民币汇率变动、人民币汇率错位和人民币汇率波动率三个角度实证分析人民币汇率对中国出口贸易的影响。本书所采用的主要方法如下。

第一，理论分析与实证分析相结合。首先利用理论分析了人民币汇率变动、人民币汇率错位和人民币汇率波动率对中国出口贸易的影响，然后从选择汇率变动代理变量、出口贸易方式和出口贸易伙伴的角度分析了它们对中国出口贸易影响可能存在的差异；利用实证方法研究了人民币汇率变动影响中国出口贸易的效应和弹性大小，在人民币均衡汇率高估和低估阶段人民币汇率错位对中国出口贸易作用的方向，人民币汇率波动幅度及外部冲击在不同区间对中国出口贸易影响的差异。

在本书的实证分析过程中，在不同分析背景下使用了许多成熟的计量经济学方法，包括单位根检验、协整分析、多项式分布滞后模型、平滑转换回归模型、非线性 Granger 因果检验等，得到了一些具有现实意义的结论。

第二，线性回归分析与非线性回归分析相结合。在实证研究部分，包括分析人民币汇率变动对出口贸易的影响和人民币汇率错位对中国出口贸易的影响时使用的都是线性回归分析方法。在分析人民币汇率波动幅度对中国出口贸易的影响时使用了非线性回归分析方法，即采用平滑转换回归模型首先判断出人民币汇率波动幅度对中国出口贸易存在非线性影响，然后在不同的区制中分析对应的汇率弹性，在加入外部冲击变量后结果依然稳健，最后使用非线性 Granger 因果检验确认了人民币汇率波动幅度和外部冲击与中国出口贸易的单向非线性因果关系。

第 2 章　汇率与国际收支相关理论及分析方法

随着世界经济的发展和研究的不断深入，国际收支理论也在不断完善。从国际收支理论的发展历程来看，最早要追溯到 18 世纪英国经济学家休谟提出的价格-铸币流动机制。到了 20 世纪初，经济学家又开始对国际收支失衡进行研究，提出了弹性分析法。第二次世界大战结束后，凯恩斯主义盛行，人们将乘数原理应用到国际收支领域，逐渐形成了国际收支的乘数分析法。基于凯恩斯主义的思想，经济学家们还提出了吸收分析法。此后随着货币主义在经济学领域的发展，人们又提出了国际收支的货币分析法。

2.1　国际收支的弹性分析法

国际收支的弹性分析法主要是英国经济学家罗宾逊在马歇尔微观经济学和局部均衡分析法的基础上发展起来的，分析在保持收入不变的条件下，一国通过改变汇率水平来实现对贸易收支的调整。弹性分析法的基本思想是通过汇率变动来改变贸易品的国内外比价和本国贸易品与非贸易品的比价，进而实现贸易收支平衡。

2.1.1　不考虑进出口商品供给价格弹性的分析

假设 P 表示出口商品的本币价格，P^* 表示进口商品的外币价格，E 表示本币汇率（直接标价法），那么出口商品的外币价格为 P/E，进口商品的本币价格为 $P \cdot E$。当汇率发生变化时，进出口商品的数量会因为进出口商品的本外币价格发生变动而改变。假设出口商品数量为 x，进口商品数量为 m，则出口商品需求价格弹性、出口商品供给价格弹性、进口商品的需求价格弹性和进口商品的供给价格弹性可以表示为式（2.1）～式（2.4）。

$$d_x = -\frac{\mathrm{d}x / x}{\mathrm{d}(P / E) / (P / E)} = -\frac{\mathrm{d}x / x}{\mathrm{d}P / P - \mathrm{d}E / E} \tag{2.1}$$

$$s_x = \frac{\mathrm{d}x / x}{\mathrm{d}P / P} \tag{2.2}$$

$$d_m = -\frac{\mathrm{d}m / m}{\mathrm{d}(P^* E) / (P^* E)} = -\frac{\mathrm{d}m / m}{\mathrm{d}P^* / P^* + \mathrm{d}E / E} \tag{2.3}$$

$$s_m = \frac{\mathrm{d}m / m}{\mathrm{d}P^* / P^*} \tag{2.4}$$

如果出口商品的本币价格和进口商品的外币价格保持不变，假设进出口商品供给价格弹性无限大，则此时进出口商品需求价格弹性简化为需求的汇率弹性，具体如式（2.5）和式（2.6）所示。

$$d_x = -\frac{\mathrm{d}x / x}{\mathrm{d}(P / E) / (P / E)} = \frac{\mathrm{d}x / x}{\mathrm{d}E / E} \tag{2.5}$$

$$d_m = -\frac{\mathrm{d}m / m}{\mathrm{d}(P^* E) / (P^* E)} = -\frac{\mathrm{d}m / m}{\mathrm{d}E / E} \tag{2.6}$$

此时用外币表示的国际收支为

$$B = \frac{1}{E} Px - P^* m \tag{2.7}$$

假设本币贬值 ΔE，则出口增加 $\Delta x > 0$，进口减少 $\Delta m < 0$。此时国际收支变化为

$$\begin{aligned} \Delta B &= \frac{1}{E + \Delta E} P(x + \Delta x) - P^* (m + \Delta m) - \left(\frac{1}{E} Px - P^* m\right) \\ &= \frac{1}{E + \Delta E} P\Delta x - \left(\frac{P}{E} - \frac{P}{E + \Delta E}\right) x - P^* \Delta m \\ &= \frac{P}{E_1} \Delta x - \left(\frac{P}{E} - \frac{P}{E_1}\right) x - P^* \Delta m \end{aligned} \tag{2.8}$$

式（2.8）所表示的含义如图 2.1 所示：图（a）表示进口数量与进口商品外币价格的关系，当汇率为 E 时进口需求曲线为 M_0，此时进口数量为 m_0；当汇率贬值到 E_1 时，进口商品的本币价格会上升，此时进口需求曲线为 M_1，进口数量为 m_1。贬值前进口支出为 $P_0^* Am_0O$，贬值后进口支出为 $P_0^* Bm_1O$，贬值后进口支出减少 BAm_0m_1，即式（2.8）中第三项。图（b）表示出口数量与出口商品价格的关系，当汇率从 E_0 贬值到 E_1 时，出口商品的外币价格会从 P/E_0 下降至 P/E_1，出口数量会从 x_0 上升到 x_1。贬值前出口收入为 $(P/E_0)Cx_0O$，贬值后出口收入为 $(P/E_1)Dx_1O$。贬值后出口收入是否增加取决于 EDx_1x_0 的面积是否大于 $(P/E_0)CE\,P/E_1$ 的面积，即式（2.8）中 $\frac{P}{E_1}\Delta x - \left(\frac{P}{E} - \frac{P}{E_1}\right)x > 0$ 是否成立。由此可以分为三种情况来加以分析：第一种情况是本币贬值后出口额增加，即 $\frac{P}{E_1}\Delta x - \left(\frac{P}{E} - \frac{P}{E_1}\right)x > 0$ 成立，进口额下降，此时国际收支改善；第二种情况是本币贬值后出口额下降，即

$\frac{P}{E_1}\Delta x-\left(\frac{P}{E}-\frac{P}{E_1}\right)x<0$ 成立，进口额也下降，但是出口额下降的幅度小于进口额下降的幅度，此时国际收支依然改善；第三种情况是本币贬值后出口额下降，即 $\frac{P}{E_1}\Delta x-\left(\frac{P}{E}-\frac{P}{E_1}\right)x<0$ 成立，进口额也下降，而且出口额下降的幅度大于进口额下降的幅度，此时国际收支恶化。

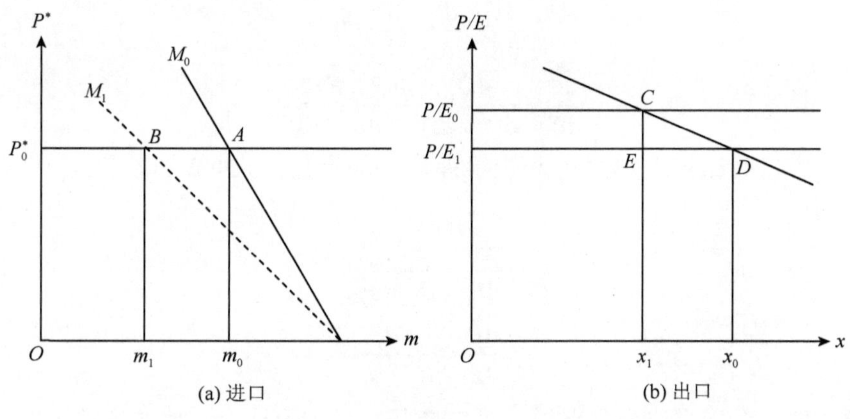

图 2.1　本币贬值对进出口的影响

式（2.9）给出了马歇尔-勒纳条件的推导过程，从中我们可以看出，当 $-1+d_x+\frac{EP^*m}{Px}d_m>0$ 时，本币贬值可以改善贸易收支。其中一种特殊情况就是当贸易收支基本平衡时，$EP^*m=Px$，此时本币贬值改善贸易收支的条件变为 $d_x+d_m>1$，此即马歇尔-勒纳条件。由此可以看出，马歇尔-勒纳条件刻画的是贸易收支基本平衡是本币贬值改善贸易收支的临界条件。

$$\begin{aligned}\frac{\mathrm{d}B}{\mathrm{d}E}&=\frac{\mathrm{d}\left(\frac{1}{E}Px-P^*m\right)}{\mathrm{d}E}\\&=(-1)E^{-2}Px+\frac{1}{E}P\frac{\mathrm{d}x}{\mathrm{d}E}-P^*\frac{\mathrm{d}m}{\mathrm{d}E}\\&=E^{-2}Px\left(-1+\frac{E}{x}\frac{\mathrm{d}x}{\mathrm{d}E}-\frac{EP^*m}{Px}\frac{\mathrm{d}m}{\mathrm{d}E}\frac{E}{m}\right)\\&=E^{-2}Px\left(-1+d_x+\frac{EP^*m}{Px}d_m\right)\end{aligned}\tag{2.9}$$

2.1.2 考虑进出口商品供给价格弹性的分析

对于出口商品来说，出口商品的供给是出口价格的增函数，即 $S_x = S_x(P)$，出口商品的需求是其外币价格的减函数，即 $D_x = D_x\left(\frac{P}{E}\right)$，在均衡条件下出口商品的供给等于需求，此时 $x = S_x(P) = D\left(\frac{P}{E}\right)$，等式两边对汇率 E 求导数可得

$$\frac{\mathrm{d}x}{\mathrm{d}E} - \frac{\mathrm{d}S_x}{\mathrm{d}P}\frac{\mathrm{d}P}{\mathrm{d}E} = 0 \tag{2.10}$$

$$\frac{\mathrm{d}x}{\mathrm{d}E} - \frac{\mathrm{d}D_x}{\mathrm{d}(P/E)}\frac{\mathrm{d}(P/E)}{\mathrm{d}E} = 0 \tag{2.11}$$

利用出口商品需求弹性 d_x 和供给弹性 s_x 的定义，式（2.10）和式（2.11）可以转化为

$$\frac{\mathrm{d}x}{\mathrm{d}E} = \frac{xd_xs_x}{d_x + s_x} \tag{2.12}$$

$$\frac{\mathrm{d}P}{\mathrm{d}E} = \frac{Pd_x}{d_x + s_x} \tag{2.13}$$

类似地，对于进口商品来说，进口商品数量和价格对汇率的导数可以表示为

$$\frac{\mathrm{d}m}{\mathrm{d}E} = -\frac{md_ms_m}{d_m + s_m} \tag{2.14}$$

$$\frac{\mathrm{d}P^*}{\mathrm{d}E} = -\frac{P^*d_m}{d_m + s_m} \tag{2.15}$$

此时以本币表示的国际收支为 $B = Px - EP^*m$，对汇率 E 求导数可得

$$\begin{aligned}\frac{\mathrm{d}B}{\mathrm{d}E} &= \frac{\mathrm{d}P}{\mathrm{d}E}x + P\frac{\mathrm{d}x}{\mathrm{d}E} - P^*m - Em\frac{\mathrm{d}P^*}{\mathrm{d}E} - EP^*\frac{\mathrm{d}m}{\mathrm{d}E} \\ &= \frac{Pxd_x}{d_x + s_x} + \frac{d_xs_x}{d_x + s_x}xP - P^*m + \frac{P^*d_m}{d_m + s_m}Em + EP^*\frac{md_ms_m}{d_m + s_m} \\ &= EP^*m\left[\frac{Px}{EP^*m}\frac{d_x(1+s_x)}{d_x + s_x} + \frac{d_m(1+s_m)}{d_m + s_m} - 1\right]\end{aligned} \tag{2.16}$$

若本币贬值可以改善国际收支，则需要 $\frac{Px}{EP^*m}\frac{d_x(1+s_x)}{d_x + s_x} + \frac{d_m(1+s_m)}{d_m + s_m} - 1 > 0$，当国际收支基本平衡时，$Px=EP^*m$，此时只需要 $\frac{d_x(1+s_x)}{d_x + s_x} + \frac{d_m(1+s_m)}{d_m + s_m} - 1 > 0$，即 $\frac{d_xd_m(1+s_x+s_m) + s_xs_m(d_x + d_m - 1)}{(d_x + s_x)(d_m + s_m)} > 0$，这就是比克戴克-罗宾逊-梅茨勒条件。

2.1.3　贬值的时滞效应——J 曲线效应

由于本币贬值存在价格效应和数量效应，所以贬值后的一段时间贸易收支往往会先恶化再逐步改善，这种现象被称为“J 曲线效应”。这里所说的“价格效应”是指当本币贬值时，本国出口商品的外币价格会下降，同时本国进口商品的本币价格会上升，如果进出口商品数量不变，则价格效应会使贸易收支恶化；所谓“数量效应”是指本币贬值后出口商品价格下降会刺激出口增加，进口商品价格上升会抑制进口数量上升，数量效应会使贸易收支得到改善。从时间顺序来看，价格效应要先于数量效应，本币贬值的价格效应和数量效应的净效用将决定贬值是否会改善贸易收支。Magee（1973）将本币贬值对贸易收支的影响分为三个阶段：货币合同阶段（currency-contract period）、价格传递阶段（pass-through period）和数量调整阶段（quantity-adjustment period）。其中价格效应发生在货币合同阶段和价格传递阶段，数量效应发生在数量调整阶段。

在货币合同阶段，进出口商品的数量及价格受事先签署的合同约束，不会因为本币贬值而立刻发生变化。此时贸易收支差额的变化取决于合同中的计价货币。

如果进出口合同均是以本币签订的，那么在本币贬值后由于进出口商品数量没有发生变化，所以贬值后贸易收支差额也不会发生变化。但是在本币贬值后以外币计价的本国贸易收支会发生变化。具体来说，如果贬值前贸易差额为顺差，那么贬值后顺差会下降；如果贬值前贸易收支平衡，那么贬值后贸易收支依然平衡；如果贬值前贸易收支为逆差，那么贬值后逆差会减少。

如果进口商品合同以外币计价，出口商品合同以本币计价，此时若以本币计价贸易收支，出口额不会发生变化，进口额会因为本币贬值而增加，贸易逆差增加。若以外币计价贸易收支，出口额会因本币贬值而下降，进口额保持不变，贸易逆差增加。

如果进口商品合同以本币计价，出口商品合同以外币计价，此时若以本币计价贸易收支，出口额会因为本币贬值而增加，进口额不发生变化，贸易收支会改善。若以外币计价贸易收支，出口额不发生变化，进口额会因为本币贬值而下降，贸易收支改善。

如果进出口商品合同都以外币计价，此时若以本币计价贸易收支，进出口额都会增加，此时本币贬值对贸易差额的影响取决于初始的贸易收支状态。如果初始贸易收支为顺差，那么本币贬值后顺差扩大；如果初始贸易收支是平衡的，那么本币贬值后贸易收支依然平衡；如果初始贸易收支为逆差，那么本币贬值后贸易收支逆差扩大。若以外币计价贸易收支，则贸易收支保持不变。

在价格传递阶段，根据汇率变化后进出口商品价格变动情况可以分为价格完全传递和价格完全不传递。对于出口商品来说，本币价格为 P，价格完全不传递就是指不管本币贬值还是升值，出口商品的外币价格都保持不变；价格完全传递就是指本币贬值或者升值时，出口商品的外币价格会随汇率变化比例而发生对应波动。如果出口商品的价格完全不传递，当本币贬值时出口厂商可以享受额外的资本利得，当本币升值时出口厂商却无法提高对应商品的外币价格，这说明出口商品供给价格弹性为零。如果出口商品的价格完全传递，则本币贬值时出口厂商需要压低商品的外币价格，而本币升值时出口厂商会提高商品的外币价格，这说明此时出口商品需求价格弹性为零。

对于进口商品来说，外币价格为 P^*，价格完全不传递就是指不管本币贬值还是升值，进口商品的本币价格都保持不变；价格完全传递就是指本币贬值或者升值时，进口商品的本币价格会随汇率变化比例而发生对应波动。如果进口商品的价格完全不传递，当本币贬值时外国出口厂商无法提高其商品的本币价格，当本币升值时外国出口厂商由于维持商品本币价格不变而享受了额外资本利得，这说明外国厂商对其商品供给价格弹性为零。如果进口商品的价格完全传递，则本币贬值时外国厂商会提高其商品的本币价格，而本币升值时外国厂商会压低其商品的本币价格，这说明此时本国对外国进口商品需求的价格弹性为零。

本币贬值时，如果进出口商品价格传递情况存在差异，那么本国贸易收支变化也会出现不同情况。如果进出口商品价格都是完全传递的，本币贬值时出口商品的本币价格不变，外币价格下降，出口数量由于出口需求的价格弹性为零而保持不变，故以本币表示的出口额不变，以外币表示的出口额下降。本币贬值时进口商品的外币价格不变，本币价格上升，进口数量由于进口需求的价格弹性为零而保持不变，故以外币表示的进口额不变，以本币表示的进口额上升。对于贸易差额而言，贸易收支恶化。

如果本国出口商品价格完全传递且进口商品价格完全不传递，本币贬值时出口商品的外币价格下降，出口数量由于出口需求价格弹性为零而保持不变，故以本币表示的出口额不变，以外币表示的出口额下降。本币贬值时进口商品的本币价格不变，由于进口数量未变，故以本币表示的进口额不变，以外币表示的进口额下降。对于贸易差额而言，以本币表示的贸易差额保持不变。以外币表示的贸易差额变化取决于初始状态，若初始贸易差额为顺差，则本币贬值后贸易顺差下降；若初始贸易平衡，则本币贬值后依然贸易平衡；若初始贸易差额为逆差，则本币贬值后逆差下降。

如果本国出口商品价格完全不传递且进口商品价格完全传递，本币贬值时出口商品的外币价格不变，出口数量不变，因此以外币表示的出口额不变，以本币表示的出口额会上升。本币贬值时进口商品的本币价格会上升，但是由于进口需求的价格弹性为零，进口数量不会发生变动，所以以本币表示的进口额会上升，以外币表示的进口额不变。对于贸易差额而言，以外币表示的贸易差额不变。以本币表示的贸易差额变化取决于初始状态，若初始贸易差额为顺差，则本币贬值后贸易顺差会上升；若初始贸易平衡，则本币贬值后依然贸易平衡；若初始贸易差额为逆差，则本币贬值后逆差上升。

如果本国出口商品和出口商品价格都完全不传递，本币贬值时出口商品的外币价格不变，出口数量不变，以外币表示的出口额不变，以本币表示的出口额上升。本币贬值时进口商品的本币价格不变，进口数量不变，以本币表示的进口额不变，以外币表示的进口额下降。对于贸易差额而言，贸易收支改善。

如果汇率传递水平介于完全传递和不完全传递之间，情况会更加复杂。以进口商品为例，假设进口商品的外币价格为 P^*，进口商品的本币价格为 P，本币汇率为 E（直接标价法），则 $P=EP^*$，等式两边对数差分并化简可得 $\frac{\mathrm{d}\ln P}{\mathrm{d}\ln E}-\frac{\mathrm{d}\ln P^*}{\mathrm{d}\ln E}=1$。在前文的分析中我们都假设进口商品的外币价格不变，即 $\frac{\mathrm{d}\ln P^*}{\mathrm{d}\ln E}=0$，而 $\frac{\mathrm{d}\ln P}{\mathrm{d}\ln E}$ 表示进口商品本币价格对汇率的弹性，进口商品价格完全传递时，该弹性为 1；进口商品价格完全不传递时，该弹性为 0。如果本币贬值时，进口商品的外币价格也发生变化，则 $\frac{\mathrm{d}\ln P}{\mathrm{d}\ln E}$ 表示本国进口商负担价格变动的比例，$\left(-\frac{\mathrm{d}\ln P^*}{\mathrm{d}\ln E}\right)$ 表示外国出口商负担价格变动的比例。

在数量调整阶段，进出口数量开始随着商品的价格变动而变动，贬值对贸易收支影响的数量效应开始发挥作用，即出口额上升，进口额下降，贸易收支逐步改善。可以看出，本币贬值时贸易收支变化存在多种方式，J 曲线只是其中的一种方式。具体来说，如图 2.2 所示，在 A 点本国贸易收支存在逆差，本币贬值在货币合同阶段会使贸易收支恶化，贸易差额至 B 点；在价格传递阶段，由于进出口商品需求价格弹性之和大于 1，贸易逆差继续扩大至 C 点；在数量调整阶段贸易逆差逐步缩小，并在 F 点达到收支平衡。

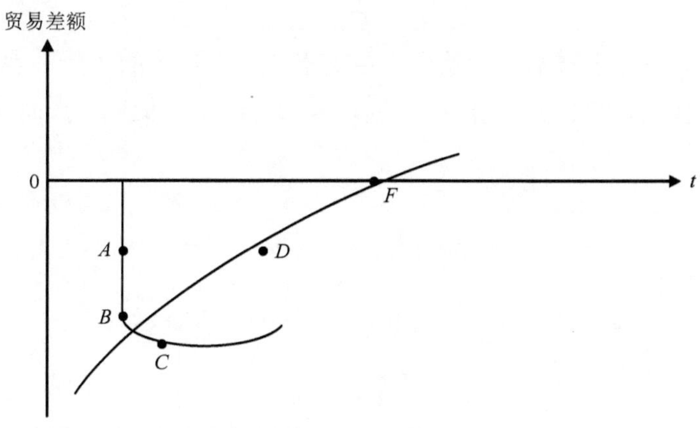

图 2.2　J 曲线效应

2.2 国际收支的收入分析法

凯恩斯宏观经济学理论诞生之后，经济学家开始使用该理论分析国际收支。凯恩斯收入决定理论在开放经济条件下分为乘数理论和吸收理论。汇率变化不仅会通过影响进出口商品价格来影响国际收支，也会通过国民收入变化来影响国际收支。

2.2.1 乘数分析法

乘数分析法的假设前提是：经济处于非充分就业状态，此时自主性支出的增加会对国民收入产生乘数效应，进出口也会随之发生变动，进而影响国际收支。在开放条件下，国民收入恒等式可以表示为

$$Y = C + I + G + X - M \tag{2.17}$$

对于消费 C 可以从两个角度来考察，即从消费品来源地角度来看，消费 C 可以表示为

$$C = C_d + M$$

式中，C_d 为本国生产的消费品；M 为国外生产的消费品。

从自主性消费角度来看，消费 C 可以表示为

$$C = C_a + cY$$

式中，C_a 为自主性消费；c 为收入的边际消费倾向。

如果进一步区分：

$$C_d = C_{ad} + c_d Y$$
$$M = M_0 + mY$$
$$C_a = C_{ad} + M_0$$

式中，C_{ad} 为对国内生产消费品的自主性支出；c_d 为对应的边际消费倾向；M_0 为对外国生产消费品的自主性支出；m 为对应的边际消费倾向。此时国民收入可以表示为

$$\begin{aligned} Y &= C_a + cY + I + G + X - M_0 - mY \\ &= \frac{C_a + I + G + X - M_0}{1 - c + m} \end{aligned} \tag{2.18}$$

此时，出口的自主性变动对国民收入的影响可以表示为

$$\Delta Y = \frac{1}{1 - c + m} \Delta X \tag{2.19}$$

通常情况下，$c > m$，因此自主性出口增加时国民收入会成倍增加。贸易收

支 $B = X - M = X_0 - M_0 - mY$，其中 X_0 为自主性出口，M_0 为自主性进口，$X_0 - M_0$ 为自主性贸易差额，则贸易收支公式表示贸易差额与国民收入之间存在负相关关系。

此外，在开放经济中，大国的进出口会对世界其他经济体产生溢出效应（spillover effect）和反馈效应（feedback effect）。所谓溢出效应是指本国经济增长会带来进口的增加，也即对应着外国出口的增加，此时外国国民收入会相应增加，因此本国居民收入增加通过贸易渠道带来的外国居民收入的增加被称为溢出效应。所谓反馈效应是指当外国居民收入增加时，其进口会对应增加，此时本国居民收入也会相应增加，因此，外国居民收入增加后会通过贸易渠道带来本国居民收入的增加，这个效应被称为反馈效应。假设世界由两个国家组成，一国的出口即为另一国的进口，任何一个国家国民收入增加都会通过贸易渠道影响另外一国。用下标 1，2 表示不同国家，则有

$$Y_1 = C_1 + c_1Y_1 + I_1 + G_1 + X_1 - M_1 - m_1Y_1 \tag{2.20}$$

$$Y_2 = C_2 + c_2Y_2 + I_2 + G_2 + X_2 - M_2 - m_2Y_2 \tag{2.21}$$

式中，$X_1 = M_2 + m_2Y_2$，$X_2 = M_1 + m_1Y_1$。此时：

$$Y_1 = \frac{1}{1 - c_1 + m_1}(C_1 + I_1 + G_1 + M_2 + m_2Y_2 - M_1) \tag{2.22}$$

$$Y_2 = \frac{1}{1 - c_2 + m_2}(C_2 + I_2 + G_2 + M_1 + m_1Y_1 - M_2) \tag{2.23}$$

由式（2.22）和式（2.23）可以得到：

$$Y_1 = \frac{(1 - c_2 + m_2)(C_1 + I_1 + G_1 + M_2 - M_1) + m_2(C_2 + I_2 + G_2 + M_1 - M_2)}{(1 - c_1 + m_1)(1 - c_2 + m_2) - m_1m_2} \tag{2.24}$$

令 $s_1 = 1 - c_1$，$s_2 = 1 - c_2$，则

$$\frac{\mathrm{d}Y_1}{\mathrm{d}C_1} = \frac{\mathrm{d}Y_1}{\mathrm{d}I_1} = \frac{\mathrm{d}Y_1}{\mathrm{d}G_1} = \frac{1 + m_2 / s_2}{s_1 + m_1 + m_2(s_1 / s_2)} \tag{2.25}$$

$$\frac{\mathrm{d}Y_1}{\mathrm{d}X_1} = \frac{\mathrm{d}Y_1}{\mathrm{d}M_2} = \frac{1}{s_1 + m_1 + m_2(s_1 / s_2)} \tag{2.26}$$

$$\frac{\mathrm{d}Y_1}{\mathrm{d}M_1} = -\frac{1}{s_1 + m_1 + m_2(s_1 / s_2)} \tag{2.27}$$

如果记全世界收入变动为 $\Delta Y_w = \Delta Y_1 + \Delta Y_2$，则本国出口的自主性增加对全世界收入影响可以表示为

$$\frac{\mathrm{d}Y_w}{\mathrm{d}X_1} = \frac{s_2 - s_1}{s_1s_2 + m_1s_2 + m_2s_1} \tag{2.28}$$

因为本国贸易收支可以表示为 $B_1 = X_1 - M_1 = M_2 - M_1$，所以贸易收支变动可以表示为 $\Delta B_1 = \Delta M_2 - \Delta M_1 = m_2\Delta Y_2 - m_1\Delta Y_1$，此时本国和外国自主性进出口及投资

对本国贸易收支变动的影响可以表示为

$$\frac{\mathrm{d}B_1}{\mathrm{d}X_1}=\frac{s_1}{s_1+m_1+m_2(s_1/s_2)} \tag{2.29}$$

$$\frac{\mathrm{d}B_1}{\mathrm{d}M_1}=-\frac{s_1}{s_1+m_1+m_2(s_1/s_2)} \tag{2.30}$$

$$\frac{\mathrm{d}B}{\mathrm{d}I_1}=-\frac{s_2m_1}{s_1s_2+s_1m_2+s_2m_1} \tag{2.31}$$

$$\frac{\mathrm{d}B}{\mathrm{d}I_2}=\frac{s_1m_2}{s_1s_2+s_1m_2+s_2m_1} \tag{2.32}$$

2.2.2　吸收分析法

20 世纪 50 年代，米德和亚历山大从国民收入恒等式入手分析，提出了吸收分析法。国民收入恒等式$Y=C+I+G+X-M$，若记$A=C+I+G$表示国内吸收，$B=X-M$表示贸易收支，则$Y=A+B$。若试图改善贸易收支 B，可以提高国民收入 Y，也可以降低国内吸收 A，或者两者同时进行。

本币贬值对国民收入具有两种效应，即闲置资源效应（idle resource effect）和贸易条件效应（terms of trade effect）。闲置资源效应是指当经济未实现充分就业，且马歇尔-勒纳条件成立时，本币贬值会增加本国净出口，闲置资源得到充分利用，此时国民收入增加；贸易条件效应是指本币贬值时以本币计价的进口商品价格上升，但是出口价格保持不变，此时贸易条件恶化，国民收入下降。因此本币贬值后国民收入的变化取决于闲置资源效应与贸易条件效应的共同作用。

本币贬值对国内吸收具有四种效应，它们分别是现金余额效应（cash balance effect）、收入再分配效应（income redistribution effect）、货币幻觉效应（money illusion effect）和 Laursen-Metzler 效应。

现金余额效应是指在货币供给不变条件下，本币贬值在改善国际收支的同时，也会带来国内物价上涨。国内物价上涨所产生的现金余额效应会减少居民支出，即面对国内物价上涨，居民为了保持实际货币余额不变，往往会减少支出。因此现金余额效应会导致国内吸收下降。

收入再分配效应是指本币贬值时产生的通货膨胀会对国民收入进行再分配。如果国民收入从边际吸收倾向高的居民再分配给边际吸收倾向低的居民，此时国内吸收会下降，如国内物价上涨一般会使固定收入人群的实际收入下降，会使可变收入人群收入上升，而固定收入人群的边际吸收倾向往往高于可变收入人群，此时国民收入的再分配会降低国内吸收。反之，如果国民收入从边际吸收倾向低的居民再分配给边际吸收倾向高的居民，此时国内吸收会上升。

货币幻觉效应是指当消费者货币收入和一般物价水平同时上升时，消费者对货币收入上升感觉更强烈，而会忽视物价水平的上升，此时会增加消费支出，增加国内吸收。但是货币幻觉效应短期会存在，但长期来看消费者不存在货币幻觉。

Laursen 和 Metzler（1950）认为如果国内居民对进口商品高度依赖，那么当本币贬值导致进口商品价格上涨时，国内吸收会增加，这就是 Laursen-Metzler 效应。Laursen-Metzler 效应产生的原因在于：本币贬值会导致国内物价水平上升，同时也会导致贸易条件恶化，如果本国消费者希望维持本币贬值前自身的消费水平或者福利水平，其消费下降的程度会小于收入下降的程度。

假设名义国内吸收为 A，它包括对国内商品和劳务的支出 A_d、对国外商品和劳务的支出 A_f，即 $A = A_d + A_f$，且 A 是货币收入 Y 和价格水平 P 的函数，即 $A = A(Y, P)$。如果不存在货币幻觉，那么根据欧拉定理可以得到 $A = \frac{\partial A}{\partial Y}Y + \frac{\partial A}{\partial P}P$，如果平均吸收倾向大于边际吸收倾向，即 $\frac{A}{Y} > \frac{\partial A}{\partial Y}$，那么

$$\frac{\partial A}{\partial P} = \frac{Y}{P}\left[\frac{A}{Y} - \frac{\partial A}{\partial Y}\right] > 0 \tag{2.33}$$

假定在两国模型中，各国国内物价水平 P_A 和 P_B 由式（2.34）和式（2.35）决定。

$$P_A = (1-\lambda_A)p_A + \lambda_A(Ep_B) \tag{2.34}$$

$$P_B = (1-\lambda_B)p_B + \lambda_B\left(\frac{p_A}{E}\right) \tag{2.35}$$

式中，$\lambda_A = M_A / A_A$，$\lambda_B = M_B / A_B$，分别为各国进口商品在国内吸收中所占比重，p_A 和 p_B 分别表示两国国内商品的物价水平，并假定为 1。

此时 $\frac{\partial P_A}{\partial E} = \lambda_A$，$\frac{\partial P_B}{\partial E} = -\lambda_B$，而且

$$\frac{\partial A_A}{\partial E} = \frac{\partial A_A}{\partial P_A}\frac{\partial P_A}{\partial E} = \frac{M_A}{A_A}\frac{Y_A}{P_A}\left[\frac{A_A}{Y_A} - \frac{\partial A_A}{\partial Y_A}\right] > 0 \tag{2.36}$$

由式（2.36）可以看出，Laursen-Metzler 效应的大小取决于平均吸收倾向和边际吸收倾向。平均吸收倾向相比边际吸收倾向越大，则 Laursen-Metzler 效应越明显；平均吸收倾向与边际吸收倾向相等时，Laursen-Metzler 效应就消失了。

2.3 国际收支的货币分析法

国际收支的货币分析法是由 Mundell、Johnson 和 Frenkel 等创立的，其理论基础来源于货币学派，他们认为国际收支不平衡本质上是一种货币现象，即从经

济的货币层面来分析国际收支不平衡。如果本国金融机构提供的货币供给与货币需求不一致就会形成国际收支的不平衡，具体来说，如果货币供给大于货币需求，就需要通过外汇储备下降来消除，从而出现国际收支逆差；如果货币供给小于货币需求，就需要通过增加外汇储备来弥补，从而出现国际收支顺差。

2.3.1　货币分析法的主要假设

国际收支的货币分析法的主要假设包括四个方面。

第一，假设资本自由流动，此时绝对购买力平价成立，即 $P_d = EP_f$，如图 2.3 所示，在绝对购买力平价曲线上本国保持国际收支平衡状态；在绝对购买力平价曲线上方本币被高估，本国商品价格竞争力下降，国际收支出现逆差；在绝对购买力平价曲线的下方本币被低估，本国商品价格竞争力上升，国际收支出现顺差。

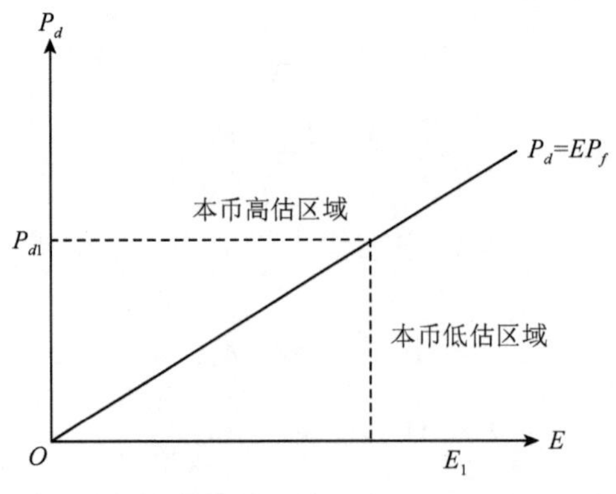

图 2.3　绝对购买力平价曲线

第二，假设本国货币需求是货币流通速度、国内物价水平和实际国民收入的函数，且货币需求保持稳定，即

$$M_D = kP_d y$$

式中，k 为货币流通速度；P_d 为国内物价水平；y 为实际国民收入。给定货币存量 M_S，则货币市场达到均衡时 M_S=$M_D = kP_d y$。在图 2.4 的总需求曲线中，给定货币供给，则国内物价水平和实际国民收入如图 2.4（a）所示。曲线上任一点与横轴和纵轴相交构成的矩形的面积表示名义国民收入 $P_d y$，当曲线上的点从 M 移动到 N，名义国民收入保持不变，但国内物价水平下降，实际国民收入上升。若货币供给数量上升，则曲线右移，说明货币流通速度和实际国民收入保持不变时，货币供给增加会带来国内物价水平同比例上升。

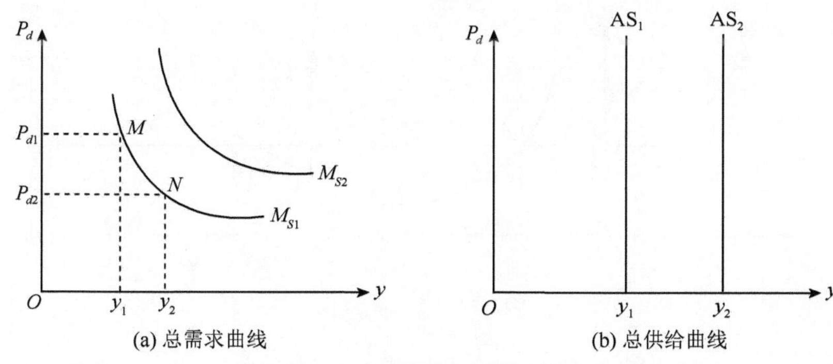

图 2.4　总需求与总供给曲线

第三，经济处于充分就业状态，此时实际产出为一条垂线，货币供给增加不会带来产出增加。如果劳动生产率提高，则总供给曲线会向右移动。

第四，本国名义货币供给由国内信贷和中央银行持有的国际储备决定，即

$$M_S = m(D + R)$$

式中，m 为货币乘数；D 为国内信贷；R 为中央银行持有的国际储备。通常认为货币供给等于货币乘数乘以基础货币，基础货币是流通中现金与存款准备金之和，这是从中央银行资产负债表的负债方来分析的。而公式 $M_S = m(D + R)$ 是按照资产等于负债的会计学原理从中央银行资产负债表的资产方来分析的，如表 2.1 所示。

表 2.1　中央银行资产负债表

资产	负债
外汇储备	货币发行
国内信贷	库存现金
对政府债券	流通中现金
对金融机构债券	存款准备金
	法定存款准备金
	超额存款准备金

如果国内货币需求增加，中央银行可以通过公开市场操作扩大国内信贷，也可以通过扩大外汇储备来实现。国际收支的货币分析法认为，当本国货币需求大于货币供给时，中央银行会买入外汇储备、卖出本币，此时出现国际收支顺差；当本国货币需求小于货币供给时，中央银行会买入本币、卖出外汇储备，此时出现国际收支逆差。当商品市场、货币市场和外汇市场达到均衡时，如图 2.5 所示，商品市场上的总供给等于总需求，货币市场上货币供给等于货币需求，外汇市场由绝对购买力平价决定，均衡点分别为 A、B 和 C。

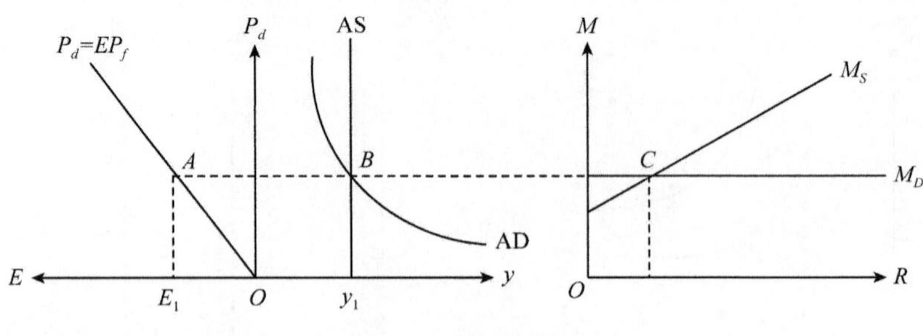

图 2.5　模型的均衡

2.3.2　浮动汇率制下本币贬值的效果

当本币贬值时，短期会出现国际收支顺差，长期来看国际收支会恢复平衡，同时国内物价上升。如图 2.6 所示，在给定的国内物价水平 P_{d1} 条件下，本币贬值，汇率从 E_1 升至 E_2，本国商品相对于外国商品更便宜，出口竞争力更强，出口需求上升的同时进口需求下降，此时本币贬值会带来国际收支顺差。国际收支顺差会使对本币的货币需求大于货币供给，因此中央银行会在购买外汇储备的同时卖出本币，增加货币供给，外汇储备从 R_1 升至 R_2。另外，由于实际产出并未发生变动，总需求的上升会导致国内物价水平从 P_{d1} 升至 P_{d2}，而伴随着国内物价水平的上升，本国商品的价格竞争优势会下降，并重新回到绝对购买力平价曲线上，国际收支再次恢复平衡。因此本币贬值短期会带来国际收支顺差，长期内会导致货币供给增加，国内物价上涨。

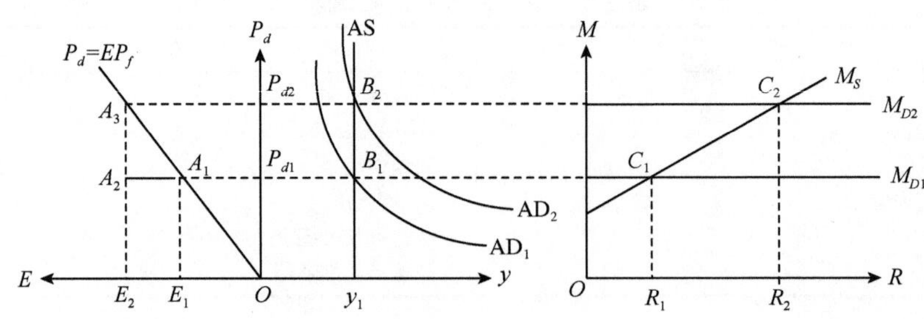

图 2.6　本币贬值的效果

2.3.3　固定汇率制下货币扩张、收入增加和外国价格上涨的效果

在固定汇率制下，假设货币当局进行公开市场操作，实施扩张型货币政策，这会导致货币供给曲线从 M_{S1} 移动到 M_{S2}，如图 2.7 所示，国内货币供给从 D_1 增加到 D_2，货币供应量为 M_2，且 $M_2=R_1+D_2$。这一货币供给水平高于货币需求 M_{D1}，

使得国内居民的实际货币余额增加，导致居民对商品的需求增加，总需求曲线从 AD_1 移动到 AD_2，在实际收入保持不变的条件下，国内物价水平会有上升的压力，物价水平会从 P_{d1} 上升到 P_{d2}。物价水平 P_{d2} 与汇率水平 S_1 的组合会导致本国商品缺乏竞争力，从而使国际收支出现逆差。为防止本币贬值，中央银行会进行干预，卖出外汇储备、买入本币，这使得外汇储备下降到 R_1 之下，货币供应水平沿着曲线 M_{S2} 下降至点 C_3。货币供应量的下降会使总需求下降，国内物价水平会有下降的压力，当国内物价水平下降至 P_{d1} 时，国际收支重新回到均衡状态。从长期来看，国内物价水平、产出水平和货币供应量都保持在原有水平上，但是货币供应量的结构发生了变化，具体来说就是 $M_1=D_1+R_1=D_2+R_2$，其中 $\Delta D=-\Delta R$。根据“不可能三角”（impossible triangle）理论，在固定汇率制度和资本自由流动的情况下，中央银行无独立的货币政策，本国扩张性货币政策只会使货币供给的结构发生变化，而总量保持不变。

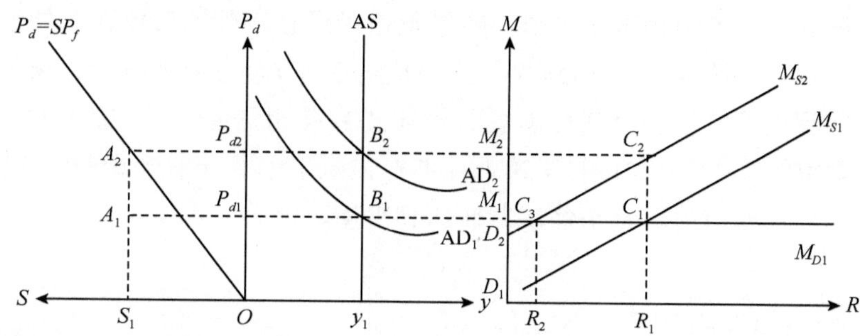

图 2.7　固定汇率制度下货币供给扩张的效果

在固定汇率制度下，如果本国收入增加，这体现为总供给曲线从 AS_1 移动到 AS_2，如图 2.8 所示，总供给曲线 AS_2 与总需求曲线 AD_1 相交于点 B_2。该点对应的物价水平为 P_{d2}，与汇率水平 S_1 相交于点 A_2，此时本国国际收支处于顺差状态，这会导致货币需求曲线从 M_{D1} 移动到 M_{D2}。由于要保持固定汇率，本国货币当局会在外汇市场进行干预，买进外汇储备、卖出本国货币，此时货币供应量达到点 C_2。货币供给的增加会使总需求曲线从 AD_1 移动到 AD_2，由于收入水平在 y_2 保持不变，总需求的增加会导致国内物价水平回升至 P_{d1}。此时重新达到购买力平价，各市场恢复平衡，均衡点分别为 A_1、B_3 和 C_2。从长期来看，国内物价水平依然保持原有水平，而国际收支顺差使得货币供应量增加（其中外汇储备增加，国内信贷水平保持不变），这说明实际货币余额的增加是由国内收入水平增加引起的。

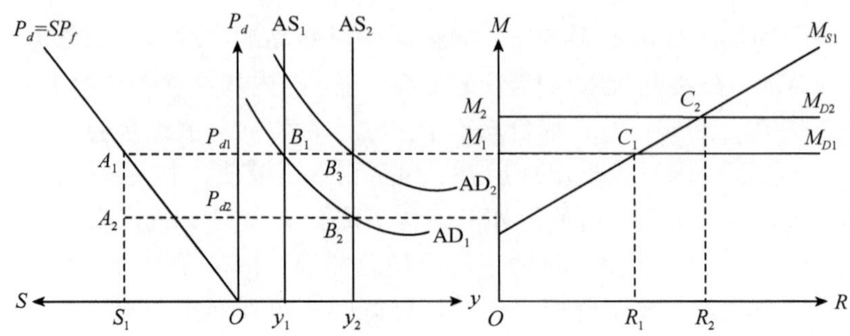

图 2.8　固定汇率制度下收入增加的效果

在固定汇率制度下，国外物价水平上升意味着购买力平价曲线向纵坐标旋转，在初始物价水平 P_{d1} 和汇率水平 S_1 确定的点 A_1，如图 2.9 所示，国内商品市场竞争力更强，从而形成国际收支顺差并导致对本币需求的增加，货币需求曲线从 M_{D1} 移动到 M_{D2}。为防止本币升值，本国货币当局会在外汇市场买入外汇储备、卖出本币，外汇储备从 R_1 增加到 R_2，货币供给曲线 M_S 与货币需求曲线 M_{D2} 相交于点 C_2。货币供给的增加会使总需求曲线从 AD_1 移动到 AD_2，在国民收入不变的情况下，国内物价水平从 P_{d1} 上升到 P_{d2}，并在该水平上重新达到新的购买力平价，此时国际收支顺差消失，整个经济重新达到平衡。

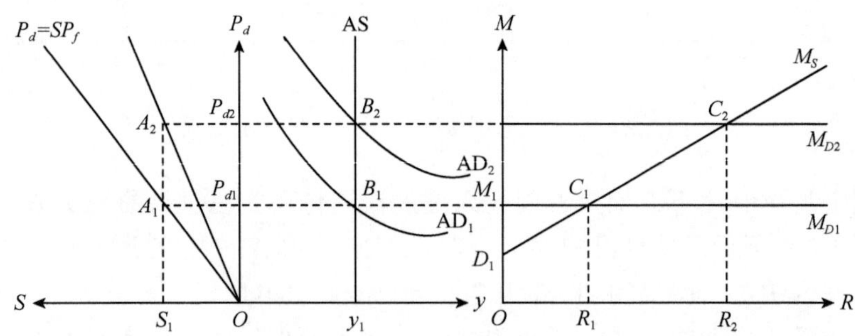

图 2.9　固定汇率制度下外国价格上涨的效果

从上述分析可以看出，一旦本国采取了固定汇率制度，那就意味着必须接受国外物价水平变化对本国物价的影响。固定汇率制度和资本自由流动的政策组合意味着不可能存在独立自主的货币政策，这也是“不可能三角”理论的体现。表 2.2 总结了在固定汇率制度下不同冲击对本国经济的影响。

表 2.2　固定汇率制度下不同冲击对本国经济的影响

冲击来源	固定汇率制度				
	国内物价	本币汇率	本国收入	货币供应量结构	
				国内信贷	外汇储备
本国信贷扩张	不变	不变	不变	上升	下降
本国收入增加	不变	不变	增加	不变	上升
外国物价上涨	上涨	不变	不变	不变	上升

货币分析法的理论意义在于把货币市场的不平衡看成是国际收支失衡的关键因素，由于货币需求是稳定的，货币当局的本币（外币）公开市场操作会引起货币供求的变化。货币分析法的主要政策含义体现了，在固定汇率制度下，本国货币当局失去了国内货币政策的控制权，这也是实行固定汇率制的主要代价。在浮动汇率制度下，本国货币当局可以实现货币政策的独立性，但是国内信贷的扩张必然会导致本币贬值。

2.4　汇率波动率对出口贸易影响的理论模型

Clark（1973）首先提出了一个用于分析汇率波动率对贸易影响的理论模型，此后 Hooper 和 Kohlhagen（1978）、Franke（1991）及 De Grauwe（1988）根据 Clark 的模型，通过改变假设条件对汇率波动率的贸易效应进行了进一步的研究。在这里将简要回顾 Clark 提出的模型。

为了分析汇率波动风险对出口厂商行为的影响，Clark 首先基于一个不完美期货市场进行了分析，此时期货市场为厂商提供的套期保值工具有限，出口商品的外币价格保持不变。另外，Clark 又提出了七个假设条件。

（1）厂商生产并出口一种同质产品，数量为 q，并在完全竞争市场条件下出售。

（2）厂商生产的产品都用于出口，不在国内销售。

（3）在生产过程中不使用进口原材料。

（4）生产过程不存在不确定性，即生产函数是非随机的。

（5）出口商品的外币价格为 p，该价格固定不变。

（6）厂商出口产品收到的是外币，厂商可以将其在外汇期货市场出售。

（7）外汇期货市场只有 90 天期一种期货产品，远期汇率 f（直接标价法）是个随机变量，期望为 $E[f]$，方差为常数 σ_f^2。

假设出口厂商的长期生产规划期远大于 90 天，产出率为常数且不会试图通过预测未来汇率水平来改变生产。考虑到厂商的产出率为常数且商品的外币价格保持不变，这意味着厂商会获得稳定的外币现金流，但是由于只存在 90 天期的外汇期货，所以 90 天之内厂商的本币收入流是确定的，但是 90 天之外的本币收入流无法预测。

基于前述假设，此时出口厂商在给定 90 天期内的利润用本币可以表示为

$$\pi = fpq - C(q) \tag{2.37}$$

式中，$C(q)$ 为生产总成本，此时边际成本（MC）可以表示为 $C^{'}(q) \geqslant 0$。厂商的利润在第一个 90 天内是确定的，但是在接下来的 90 天中是随机的，此时理论 π 是随机变量，其期望和方差可以表示为

$$E[\pi] = E[f]kq - C(q) \tag{2.38}$$

$$\sigma_{\pi}^2 = p^2 q^2 \sigma_f^2 \tag{2.39}$$

厂商的均衡产出水平依赖于厂商的目标函数，假设厂商的效用函数是利润 π 的二次函数，则厂商希望最大化式（2.40）。

$$U(\pi) = a\pi + b\pi^2 ，\quad a > 0 \tag{2.40}$$

此时厂商效用函数的期望可以表示为

$$E[U(\pi)] = \int_{-\infty}^{\infty} U(\pi) g(f) \mathrm{d}f \tag{2.41}$$

当把厂商的目标函数最大化即可求得厂商的均衡产出水平时，厂商目标函数最大化的一阶条件可以表示为式（2.42）：

$$\mathrm{MC} = \frac{E[f]p + (2bp/a)\left\{pq\sigma_f^2 + E[f][E[f]pq - C(q)]\right\}}{1 + (2b/a)[E[f]pq - C(q)]} \tag{2.42}$$

由于出口厂商的边际收益 MR=$E[f]p$，根据式（2.42）可以看出，当出口厂商是风险中性的，即 $b = 0$ 时，则上述一阶条件退化为常见的边际成本等于边际收益（MC=MR）。如果厂商介意其利润波动，此时标准的边际成本等于边际收益的等式不再成立。例如，假设出口厂商是风险规避型，此时 $b < 0$。从式（2.42）可以看出此时边际成本与边际收益之差的符号取决于 $E[f]pq - C(q)$，即 $E[\pi]$。从式（2.40）我们可以看出对于风险规避者来说 $E[\pi] > 0$，由于 $E[U(\pi)] = aE[\pi] + bE[\pi^2]$，如果厂商决定生产，那么意味着 $E[U(\pi)] > 0$，此时如果 $b < 0$，则需要 $E[\pi] > 0$。把 $E[f]pq - C(q)$ 用 $E[\pi]$ 替换掉，同时在式（2.42）等号两边减去边际收益 $\mathrm{MR} = E[f]p$，则可以得到式（2.43）：

$$\mathrm{MC} - \mathrm{MR} = \frac{-(2b/a)p^2 q\sigma_f^2}{1 + (2b/a)E[\pi]} \tag{2.43}$$

为了说明当出口企业是风险规避型企业时边际成本小于边际收益，我们需要首先确定分母的符号。效用函数对利润的导数可以表示为 $\mathrm{d}U(\pi)/\mathrm{d}\pi = a + 2b\pi$，

考虑到利润的边际效用为正，效用函数对利润导数的期望可以表示为

$$E[\mathrm{d}U(\pi)/\mathrm{d}\pi] = a + 2bE[\pi] > 0 \tag{2.44}$$

因此，$2bE[\pi] > -a$ 或者 $[2bE[\pi]]/a > -1$。由此可以看出，只要均衡产出水平可以保证利润边际效用的期望为正，那么式（2.43）的分母就一定为正。此时可以从式（2.43）推断出对于风险规避型出口厂商，边际收益是大于边际成本的，出口产品的价格（因为假设出口厂商处于完全竞争市场，所以产品价格等于边际收益）不但弥补了生产产品时的边际成本，而且弥补了厂商所承担的风险。面对相同的产品价格，风险规避型出口厂商生产的数量会小于风险中性厂商生产的数量。如果生产相同数量的产品，那么前者收到的价格一定大于后者，这个价格差异正好等于式（2.43）右端所表示的风险溢价。上述分析说明，当远期汇率的方差变大时，风险规避型出口企业的供给曲线会向左上方移动，而这种移动会减少世界贸易总量。

如果放松假设 3，即考虑生产出口商品时使用了进口原材料，那么汇率波动率对出口企业利润方差的影响会减小。因为利润等于总收入（R）减去总成本（C），而 $\sigma_\pi^2 = \sigma_R^2 + \sigma_C^2 - 2\operatorname{cov}(R,C)$，当汇率的方差变大时，它会对收入和成本产生同向影响：本币贬值会增加总收入，但是它也增加了进口原材料的成本；反之，本币升值会减少总收入，减少总成本。因此汇率的方差变大时，利润的方差不会同比例上升。一个极端的例子是当总收入的总成本完全相关时，汇率方差变大不会影响利润的方差。

随后，Clark（1973）进一步放松了模型的假设，即不再假定出口厂商出口商品的外币价格是固定的，而是假定它是随机变量，期望是 $E[p]$，方差是 σ_p^2。此外，还假设期货市场是“完美”的，有各种期限的期货合约，出口厂商买卖外汇时对外汇价格没有影响。假设外汇期货市场有各种期限的外汇期货合约可能比前面假设只有 90 天期限的合约更不符合实际，之所以这样假设是为了说明如果不能确定收到外汇的时间，那么长期来看，即使存在套期保值的工具也无法完全消除汇率风险。

假设出口厂商了解其外汇收入的期望和方差，但是只有在某笔收入真实发生前“非常短的一段时间”，出口厂商才准确知道其具体数目。这里提到的“非常短的一段时间”是指从出口厂商签订合同到收到外汇收入，这段时间在出口厂商的生产规划中应该是相对较短的，而且这里假定它是个固定参数。虽然出口厂商无法准确确定其从海外获得的收入，但还是可以在外汇期货市场卖出外汇以对冲汇率波动的风险，以降低以本币衡量利润的方差。现在的问题就是出口厂商应该在期货市场卖出多少外汇，而这取决于它的风险偏好及模型中其他参数的大小。

这里假设出口厂商在外汇期货市场卖出的外汇是期望收益 $E[p]q$ 的一部分，

具体比例可以设定为a。一旦签订了出口合同并确定了外汇收入，此时出口厂商可以继续卖出外汇收入与已卖出套期保值外汇间的差额。因此厂商的本币收入包含两部分，即事先卖出的$aE[p]qf_t$和后来调整的部分$(p-aE[p])qf$，其中f_t表示期限为t的外汇期货。外汇期货市场存在各种期限的外汇期货合约，因此对于出口厂商来说，外汇价格f_t不是个随机变量；但是当出口厂商决定生产并出口数量时，f是未知的，这里假设它是个随机变量，期望为$E[f]$，方差为σ_f^2。此时出口企业的利润可以表示为式（2.45），对利润求期望则可得到式（2.46）。

$$\pi=[aE[p]f_t+(p-aE[p])f]q-C(q) \tag{2.45}$$

$$E[\pi]=q[(1-a)E[p]E[f]+\mathrm{cov}(p,f)+aE[p]f_t]-C(q) \tag{2.46}$$

把利润的期望对参数a求导数可以得到$\partial E[\pi]/\partial a=qE[p](f_t-E[f])$，这说明如果出口厂商对期限$t$套期保值的外汇价格大于外汇价格的期望时，厂商的利润会上升。此外，利润的方差可以表示为

$$\sigma_\pi^2=E^2[\pi-E[\pi]] \tag{2.47}$$

如果我们把式（2.45）和式（2.46）代入式（2.47）则会出现$E[p^2f^2]$，为了将其表示出来，我们假设p和f服从正态分布，那么此时$E[p^2f^2]$可以表示为式（2.48）。

$$\begin{aligned}E[p^2f^2]&=(\sigma_{pf})^2+E^2[pf]\\&=(1+2\rho^2)\sigma_p^2\sigma_f^2+E^2[p]\sigma_f^2+E^2[f]\sigma_p^2\\&\quad+4\rho E[p]E[f]\sigma_p\sigma_f+E^2[p]E^2[f]\end{aligned} \tag{2.48}$$

式中，ρ为p和f的相关系数，此时利润的方差可以表示为

$$\begin{aligned}\sigma_\pi^2=q^2[&(1+\rho^2)\sigma_p^2\sigma_f^2+2(1-a)\rho E[p]E[f]\sigma_f\sigma_p\\&+(1-a)^2E^2[p]\sigma_f^2+E^2[f]\sigma_p^2]\end{aligned} \tag{2.49}$$

如果$\rho>0$且$a<1$，则$\partial\sigma_\pi^2/\partial\rho=2\sigma_p\sigma_f q^2(\rho\sigma_p\sigma_f+(1-a)E[p]E[f])>0$，在出口厂商决定要生产并出口商品的数量时，它的目标还是要使其效用函数期望最大化，为了便于比较，假设其效用函数还是利润的二次函数。此时可以得到在均衡水平时出口厂商的边际成本为

$$\mathrm{MC}=[(1-a)E[p]E[f]+\mathrm{cov}(p,f)+aE[p]f_t]+(2b\sigma_\pi^2)/(a+2bE[\pi]) \tag{2.50}$$

式（2.50）右边中括号里的内容表示的是厂商的边际收入，这一项为正；如果厂商是风险规避型，则$b<0$，此时式（2.50）右边第二项为负。此时外汇期货的方差变大会提高厂商利润的方差，从而使从事出口活动的风险增加，即汇率波动率上升会减少出口总量，这个结论与前一个模型的结论是一致的。

第3章 人民币汇率与中国出口贸易发展

改革开放以来，对外贸易已成为我国经济增长的一个重要推动力。2007年美国发生的次贷危机导致中国出口环境空前恶化，但在中国政府积极有效的干预下，2009年中国出口贸易还是完成了保市场、保份额的既定任务，并且当年出口规模超过德国成为世界第一出口大国。可以肯定的是，在未来一段时间里，出口贸易的增长仍然会是中国经济增长的主要推动力之一。但是中国出口贸易的多年快速增长造成了中国国际储备激增和持续巨额的国际收支顺差，外部失衡严重。主要贸易伙伴（特别是美国）据此不断抨击人民币汇率政策，频繁制造贸易摩擦，认为人民币币值低估是造成其贸易赤字的主要原因。鉴于此，有关人民币汇率对中国出口贸易影响的讨论在国内外持续升温，因此，本章试图对过去一段时间内人民币汇率制度变迁、人民币汇率变动路径和中国出口贸易的状况进行梳理和简要分析，以便在开放经济条件下对人民币汇率和中国出口贸易有个初步了解和认识。

3.1 人民币汇率制度的演进

汇率制度是一个国家的主要经济制度之一，对国家经济发展具有重要影响。许少强和朱真丽（2002）将1994年前人民币汇率制度划分为5个阶段，在1994年之后人民币汇率形成机制又发生了两次变化，因此人民币汇率制度变迁一共可以分为以下几个阶段。

第一阶段，1949～1952年，大力恢复国民经济时期。当时的情况是中国外汇短缺严重，需要鼓励出口创汇。在中华人民共和国成立初期，私营经济不论是从数量上还是规模上在国民经济中都占有重要比重，1950年统计资料显示，私营商业机构数占整体商业系统机构数的比重为98.7%，私营经济零售额占比为85%，因此要鼓励出口最重要的就是要发挥私营经济的积极性。另外，当时的侨汇在外汇收入中也占相当大的比重。根据这种情况，中国人民银行制定了“独立自主，大力扶持出口，适当照顾侨汇”的人民币汇率政策，人民币汇率的调整与国内外物价的相对变化保持一致，汇率波动比较剧烈。

第二阶段，1953～1972年，计划经济体制下的单一固定汇率制度。这个时期人民币汇率制度的特点主要有两个：一是人民币汇率基本保持不变，汇率稳定在1美元兑换2.46元人民币的水平，此时人民币汇率不再充当对外经济调节的工具，外贸盈亏全部由国家财政负担和平衡；二是在对外贸易过程中曾经出现过使用人民币计价的情况。

在这段时期内，人民币汇率基本保持稳定与当时的经济制度、贸易收支状况和外部经济环境有关。具体来说有三点：一是当时中国实行计划经济体制，物价长期保持稳定，在这种情况下人民币汇率只是作为计价核算工具，不再起调节对外经济贸易价格的作用；二是在严格的外贸和外汇管理率制度下，中国实行“量入为出，略有节余”的政策，贸易收支基本平衡，大部分时期还有少量贸易顺差，这为人民币汇率稳定提供了支撑作用；三是受到朝鲜战争的影响，中国在美国的资产被冻结，因此在此期间，中国对外贸易改用英镑结算。由于在布雷顿森林体系下英镑对美元汇率保持稳定，这也促使人民币汇率长期保持稳定。

第三阶段，1973～1980 年，计划经济体制下的单一浮动汇率制度。1973 年发生的石油危机使世界物价水平大幅攀升，为了有效应对外部冲击，西方主要发达国家纷纷放弃固定汇率制度，采取了浮动汇率制度，国际金融市场上汇率波动频繁。为了适应这一时期国际金融市场汇率的波动，并本着有利于推行人民币计价结算的原则，人民币名义汇率参照一篮子货币进行加权平均，并逐步升值到 1980 年的 1 美元兑换 1.50 元人民币。

第四阶段，1981～1993 年，经济体制转轨时期的双重汇率制度及汇率并轨。在这一时期，为了配合对外贸易体制改革的需要，人民币汇率制度也进行了相应改革。具体来说，就是在 1981 年年初，在贸易用汇方面，采用人民币双重汇率制度，在非贸易用汇方面，采用外汇兑换券制度；在 1984 年年底中国加快了人民币汇率贬值速度，并在年底基本实现了贸易内部结算价的并轨；1985～1993 年恢复单一汇率制度，人民币名义汇率不断贬值。

第五阶段，1994 年至 2005 年 7 月，外汇体制改革后形成以市场机制为基础的汇率制度。在中国由计划经济体制向社会主义市场经济体制转变过程中，人民币汇率双轨制有其合理性和必要性。但是随着中国经济体制改革的深入发展，特别是外贸体制改革的深入和对外开放步伐的加快，人民币汇率双轨制不利于外汇资源合理有效配置，不利于市场经济进一步深入发展。与此同时，中国进入了恢复关贸总协定缔约国地位谈判的关键期，国际社会希望中国放松外汇管制。在国内外经济和政治因素的影响下，1994 年 1 月 1 日中国取消了双重汇率制度，人民币汇率正式并轨，并开始实行以市场供求为基础的、单一的、有管理的浮动汇率制度。1994 年 4 月 4 日，银行间外汇市场正式成立，企业和个人可按规定向银行买卖外汇，银行进入银行间外汇市场进行交易，形成市场汇率。

针对 1994 年至 2005 年 7 月人民币汇率制度的阐述，可以细分为两个时期，即以 1997 年亚洲金融危机为界限，包括 1994～1997 年和 1998～2005 年两个阶段。

在人民币汇率制度方面，1994～1997 年中国实行的是有管理的浮动汇率制度；在亚洲金融危机爆发以后，中国实行的是盯住美元的固定汇率制度。

1994 年 1 月 1 日人民币汇率并轨，实行以市场为基础的、单一的、有管理的浮动汇率制度，此时的人民币汇率形成机制更加依靠市场的力量来调节人民币汇率的变动，而且建立了统一的银行间外汇市场，实行银行结售汇制度。在银行结售汇体制下，中国境内所有企业经常账户下的外汇收入需要卖给指定的外汇银行，外汇支出可以在外汇指定银行购买；外汇指定银行代替国家进行结售汇，外汇管理部门监督并核定每家外汇指定银行的外汇周转头寸。外汇指定银行拥有的超出外汇周转头寸需要在银行间外汇市场卖出，以保证汇率的稳定和市场出清。可以看出，企业、外汇指定银行及外汇指定银行间的二级市场结构体现了中国汇率管理从计划分配到市场调节的渐进改革历程。另外，中国在 1996 年 12 月 1 日接受了国际货币基金组织第八条款，实现了人民币经常项目可兑换，这是人民币国际化的重要一步。国内外学者对并轨后的人民币汇率制度给予高度评价，认为其在加快社会主义市场经济建设步伐、深化国内经济体制改革、促进外贸发展和加快国内产业结构调整方面做出了重要贡献。

1998～2005 年，中国从有管理的浮动汇率制度转向了盯住单一美元的固定汇率制度，这种汇率制度有利于在亚洲金融危机期间帮助亚洲经济迅速回升，也有利于中国企业在外贸活动中核算成本收益，维持公众信心。但是随着外部经济环境发生变化，这种盯住单一货币的汇率制度带来了较大的负面影响。进入 2000 年以后，美国股市科技泡沫破灭，美国经济逐步进入衰退期，美元持续贬值。为了刺激美国经济，美联储不断降息，中美两国的利差不断扩大，人民币此时盯住美元，导致大量国际游资进入中国，中国外汇储备规模不断攀升。外汇储备迅速增加导致过多的基础货币投放，带来通货膨胀的压力。与此同时，盯住单一货币的汇率制度也使中国不少外贸企业被动依靠汇率贬值来开拓市场，忽略了提高技术水平和管理能力，人民币贬值导致中国贸易条件不断恶化。单一盯住美元的汇率政策还有一个缺点，即单一盯住美元使中国人民银行只需使用各种外汇市场干预措施保证人民币兑美元汇率基本稳定，而忽略了人民币对其他主要货币的兑换汇率，此时人民币对其他货币汇率波动可能会异常剧烈。例如，金永军和陈柳钦（2006）指出，1998 年后人民币兑美元汇率基本保持不变，但人民币兑日元汇率波幅为 41.3%，人民币兑欧元汇率波幅为 52.6%。这使得中国的汇率政策完全受制于美元政策，丧失了通过汇率变动来调节经济的作用。

第六阶段，2005 年 8 月至今，参考“一篮子货币”有管理的浮动汇率制度。进入 20 世纪 90 年代以来，一些选择盯住汇率制度的国家和地区相继出现了严重的金融危机和经济危机，比如墨西哥（1994 年）、东南亚（1997 年）、俄罗斯（1998

年)、巴西(1999 年)和阿根廷(2001 年)。众多学者认为这些国家选择的盯住汇率制度是导致出现危机的重要原因，因此汇率制度选择理论的研究重点开始转向研究发展中国家和转型经济国家如何退出盯住汇率制度，从实际情况来看，部分发生了危机的国家此后确实由原先的盯住汇率制度转向了更富有弹性的中间汇率制和浮动汇率制，如泰国、智利、波兰和阿根廷等。

就中国而言，出口导向型经济增长模式使中国出现了长期的经常项目和资本项目双顺差，外汇储备激增。在进入 21 世纪后，中国主要贸易伙伴(特别是美国)开始不断抨击人民币汇率政策，认为人民币币值被严重低估。在 2003 年“七国集团”会议上，日本财长提出人民币币值被低估，中国制造并出口的大量廉价商品造成了世界的通货紧缩。2004 年，在华盛顿举行的“七国集团”特别会议上，以美国为首的西方发达国家开始对中国施压，要求中国政府出台明确的人民币汇率体制改革时间表。面对国内外经济、政治压力，时任财政部部长金人庆和中国人民银行行长周小川在 2004 年 10 月 1 日的“七国集团”特别会议上提出了中国汇率制度改革的目标和具体措施，从而正式拉开了中国第三次重大汇率制度改革的序幕。

2005 年 7 月 21 日，中国人民银行宣布“进一步完善人民币汇率形成机制，开始建立以市场供求为基础、参考一篮子货币进行调节的、有管理的浮动汇率制度”。在新的人民币汇率形成机制下，人民币参考的货币篮子一共包含 11 种货币，分别是美元、日元、欧元、韩元、新元、英镑、澳元、加元、马来西亚林吉特、泰铢和卢布，其中主要是前四种货币，而确定这 11 种货币权重的标准是中国与其对外贸易和服务在中国进出口总额中占有的比例。根据该次汇率制度改革“主动性、可控性、渐进性”的指导方针，中国人民银行后续又推出了相关具体措施，如提高银行间即期外汇市场中人民币对非美元交易价格浮动幅度，改革了银行间外汇市场上人民币汇率中间价格的形成机制，提高了中国居民个人一次性购汇额度，取消了经常项目外汇账户限额管理；成立了中国投资有限责任公司进行海外投资等。

2008 年下半年以后，由于受到金融危机的影响，世界经济增速下降，中国出口锐减，国内就业压力加大。为缓解国内经济压力，人民币对美元升值速度下降，人民币汇率逐步变为盯住美元的固定汇率。随着金融危机影响的不断消退，2010 年 6 月 19 日，中国人民银行宣布，进一步推进人民币汇率形成机制改革，保持人民币汇率在合理、均衡水平上的基本稳定。

3.2 人民币汇率变动路径

1994 年 1 月 1 日，中国取消了双重汇率制度，人民币汇率正式并轨。下面我们将以 1994 年 1 月为起点，分别讨论人民币对美元、欧元、英镑、日元和韩元名义汇率走势①，以便直观了解人民币对这几种主要货币名义汇率的波动。

从图 3.1 可以看出，人民币对美元名义汇率大致可以分为五个阶段：第一阶段为 1994 年 1 月至 1997 年 10 月，人民币对美元名义汇率基本保持了小幅升值的态势，人民币对美元名义汇率从 1994 年 1 月的 8.7 升至 1997 年 10 月的 8.284，升值幅度约为 4.78%；第二阶段为 1997 年 11 月至 2005 年 6 月，人民币对美元名义汇率基本维持在 8.27～8.28 范围内，波动极小。这其中的主要原因在于，1997 年爆发的亚洲金融危机中断了中国汇率形成机制的进一步改革，中国政府在 1998 年 3 月 17 日承诺人民币不贬值，并由此维持了长时间人民币对美元名义汇率的“8”时代，即事实上的盯住美元制度；第三阶段为 2005 年 7 月至 2008 年 6 月，在此阶段人民币对美元名义汇率从 2005 年 7 月的 8.23 升至 2008 年 6 月的 6.898，升值幅度约为 16.18%；第四阶段为 2008 年 7 月至 2010 年 6 月，在此阶段人民币对美元名义汇率基本维持在 6.81～6.83 范围内，浮动很小。这其中的原因在于受到 2008 年美国金融危机及其后欧洲债务危机的影响，世界经济走势日趋复杂，中国出口和经济增速下降明显，就业压力增加，因此人民币汇率再次选择盯住美元；第五阶段为 2010 年 7 月以后，人民币对美元名义汇率虽偶有波动，但基本保持了小幅升值的态势。

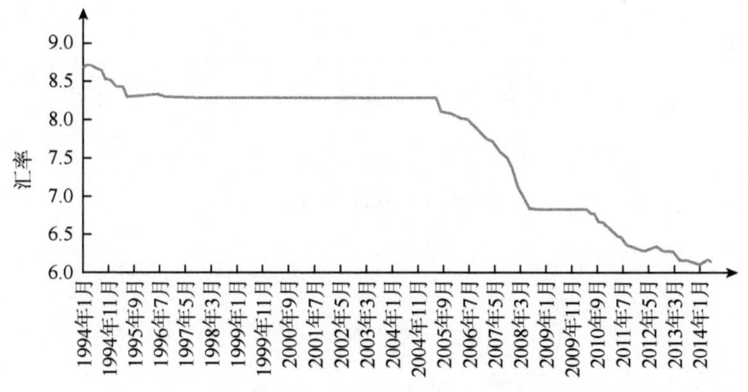

图 3.1　人民币对美元名义汇率（RMB/USD）

资料来源：BVD Countrydata 数据库

图 3.2 和图 3.3 分别显示了人民币对欧元和人民币对英镑的名义汇率变化，相比于人民币对美元的名义汇率，人民币对欧元和对英镑的名义汇率呈现出显著的

① 原始数据来源于 EIU Countrydata 数据库，人民币对欧元、英镑、日元和韩元名义汇率根据人民币对美元汇率和欧元、英镑、日元、韩元对美元汇率折算。

波动。以欧元来说，从 1999 年 1 月至 2014 年 6 月，人民币对欧元名义汇率大致经历了五个明显升值阶段和四个明显贬值阶段。五个升值阶段分别是 1999 年 1 月至 2001 年 6 月，升值约 26.51%；2004 年 12 月至 2005 年 11 月，升值约 14.15%；2008 年 4～11 月，升值约 21.15%；2009 年 11 月至 2010 年 6 月，升值约 18.25%；2011 年 4 月至 2012 年 7 月，升值约 17.58%。四个贬值阶段分别是：2002 年 3 月至 2004 年 12 月，贬值约 53.09%；2005 年 11 月至 2008 年 4 月，贬值约 15.73%；2009 年 2～11 月，贬值约 16.49%；2010 年 6 月至 2011 年 4 月，贬值约 13.29%。对于英镑来说，从 1994 年 1 月至 2014 年 6 月，人民币对英镑名义汇率大致经历了四个明显的升值过程和四个明显的贬值过程。四个升值过程分别是：1998 年 10 月至 2001 年 6 月，升值约 17.26%；2004 年 12 月至 2006 年 2 月，升值约 11.86%；2007 年 11 月至 2009 年 2 月，升值约 35.84%；2009 年 11 月至 2010 年 5 月，升

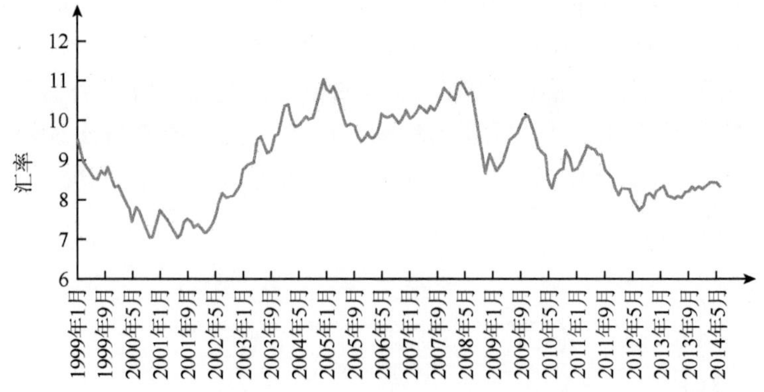

图 3.2　人民币对欧元名义汇率（RMB/EUR）

资料来源：BVD Countrydata 数据库

图 3.3　人民币对英镑名义汇率（RMB/GBP）

资料来源：BVD Countrydata 数据库

值约 11.62%。四个贬值过程分别是：2001 年 7 月至 2004 年 12 月，贬值约 36.31%；2006 年 3 月至 2007 年 10 月，贬值约 9.44%；2009 年 3～10 月，贬值约 14.24%；2013 年 7 月至 2014 年 6 月，贬值约 11.10%。

图 3.4 和图 3.5 分别显示了人民币对日元和人民币对韩元的名义汇率变化，从图中可以看出人民币对日元名义汇率波动较大，且呈周期性波动，而人民币对韩元名义汇率在亚洲金融危机期间变化剧烈。对于日元来说，从 1994 年 1 月至 2014 年 6 月，人民币对日元名义汇率大致经历了四个明显升值阶段和四个明显贬值阶段。四个升值阶段分别是：1995 年 4 月至 1998 年 8 月，升值约 43.14%；1999 年 12 月至 2002 年 1 月，升值约 22.62%；2005 年 1 月至 2007 年 7 月，升值约 21.71%；2011 年 9 月至 2013 年 12 月，升值约 28.79%。四个贬值阶段分别是：1994 年 1 月至 1995 年 3 月，贬值约 18.98%；1998 年 9 月至 1999 年 12 月，贬值约 31.07%；2002 年 2 月至 2004 年 12 月，贬值约 28.58%；2008 年 8 月至 2011 年 8 月，贬值约 32.36%。对于韩元来说，从 1994 年 1 月至 2014 年 6 月，人民币对韩元名义汇率大致经历了三个明显的升值阶段和三个明显的贬值阶段。三个升值阶段分别是：1995 年 5 月至 1998 年 1 月，升值约 55.46%；2000 年 9 月至 2001 年 4 月，升值约 15.75%；2006 年 5 月至 2009 年 2 月，升值约 44.25%。三个贬值阶段分别是：1998 年 2 月至 2000 年 8 月，贬值约 46.03%；2002 年 2 月至 2006 年 4 月，贬值约 34.13%；2009 年 2 月至 2010 年 4 月，贬值约 28.89%。

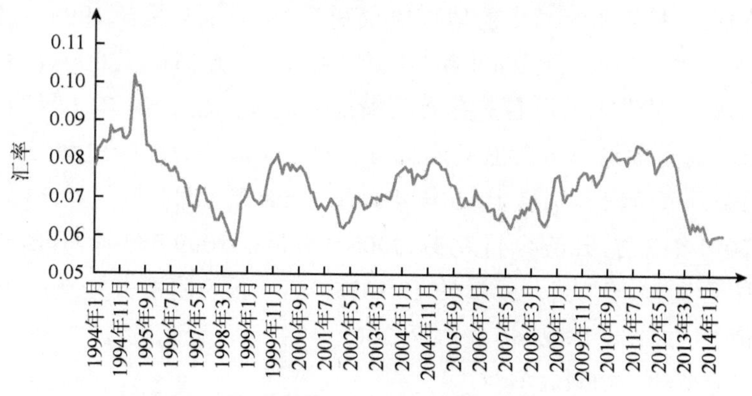

图 3.4　人民币对日元名义汇率（RMB/JPY）

资料来源：BVD Countrydata 数据库

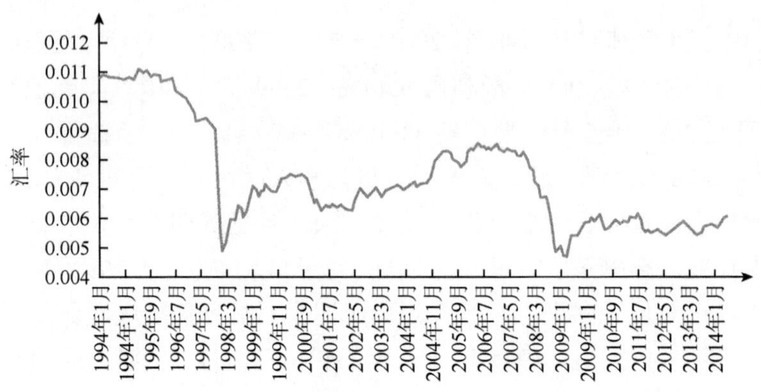

图 3.5　人民币对韩元名义汇率（RMB/KRW）

资料来源：BVD Countrydata 数据库

接下来我们将分析一下在 1994～2014 年人民币实际有效汇率和名义有效汇率指数的波动情况[①]，从图 3.6 和图 3.7 可以看出，人民币实际有效汇率指数和名义有效汇率指数走势大体相同，但在个别年份波动幅度存在差异。对于人民币实际有效汇率指数来说，在 1994 年 1 月至 2014 年 6 月，人民币实际有效汇率指数大致经历了四个明显的升值阶段和三个明显的贬值阶段。四个升值阶段分别是：1994 年 1 月至 1998 年 1 月，升值约 54.87%；2000 年 6 月至 2002 年 2 月，升值约 11.61%；2004 年 12 月至 2009 年 2 月，升值约 31.09%；2009 年 10 月至 2014 年 1 月，升值约 26.42%。三个贬值阶段分别是 1998 年 2 月至 1999 年 12 月，贬值约 9.65%；2002 年 3 月至 2004 年 11 月，贬值约 16.23%；2009 年 3～10 月，贬值约 10.61%。对于人民币名义有效汇率指数来说，在 1994 年 1 月至 2014 年 6 月，人民币名义有效汇率指数也大致经历了四个明显的升值阶段和三个明显的贬值阶段。四个升值阶段分别是 1995 年 4 月至 1998 年 1 月，升值约 33.79%；1999 年 11 月至 2001 年 7 月，升值约 11.61%；2005 年 3 月至 2009 年 3 月，升值约 28.56%；2011 年 4 月至 2014 年 1 月，升值约 18.13%。三个贬值阶段分别是：1998 年 8～12 月，贬值约 5.81%；2002 年 2 月至 2005 年 1 月，贬值约 17.25%；2009 年 3 月～11 月，贬值约 10.11%。

① 人民币实际有效汇率指数和名义有效汇率指数的原始数据来源于国际清算银行，http：//www.bis.org。数据采用间接标价法，数值上升表示升值。

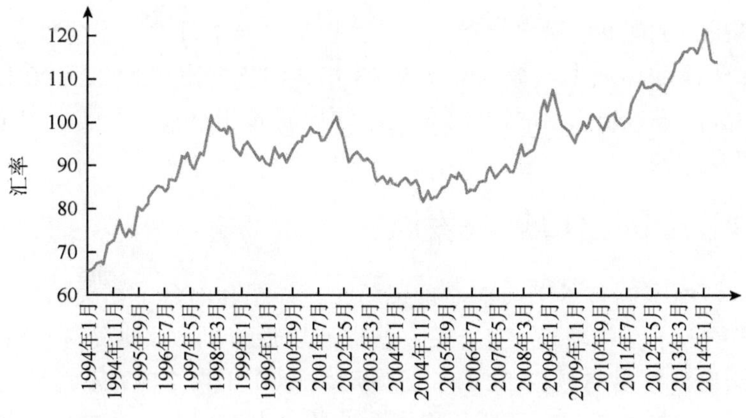

图 3.6　人民币实际有效汇率指数

资料来源：BVD Countrydata 数据库

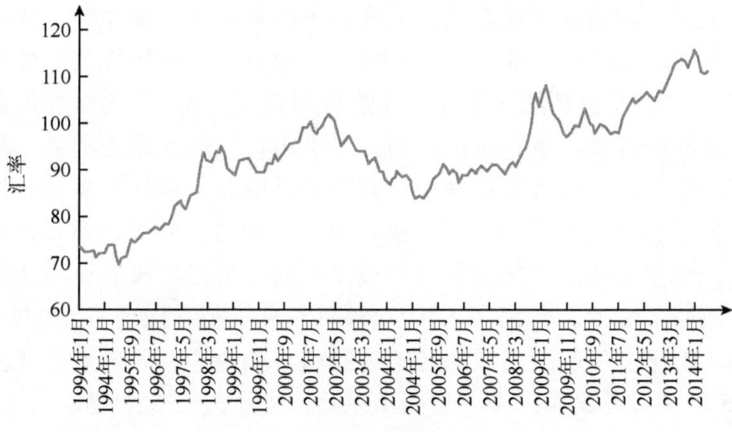

图 3.7　人民币名义有效汇率指数

资料来源：BVD Countrydata 数据库

3.3　中国出口贸易发展

改革开放以后，中国的贸易政策发生了重大变化：从之前的进口替代政策转变为出口导向政策，这一转变极大地促进了中国出口贸易的发展，而出口贸易的飞速增长也有效地促进了中国经济长期稳定地增长。2013 年，世界贸易组织公布了 2012 年各成员方贸易统计数据，结果报告显示：在货物贸易方面，2012 年中国货物出口为 20 490 亿美元，同比增长 7.93%，占全球货物出口的 11.2%，位居世界第一；在服务贸易方面，2012 年中国服务出口 1900 亿美元，同比增长 4%，占全球服务出口的4.4%，居世界第五位。而在2014年2月中国商务部公布的《2013年商务工作年终综述》中，数据显示2013年中国货物出口为22 100亿美元，同比增长7.81%；服务出口2105.9亿美元，同比增长10.6%。目前，中国已成为名副其实的贸易大国。

3.3.1 中国出口规模发展

1994年，中国颁布了第一部对外贸易法，并配套出台了相关法规，从而将对外贸易治理纳入了法治轨道。对外贸易法颁布以后，中国对外贸易开始迅猛发展。1994年中国出口贸易总额为1210.1亿美元，2000年为2492亿美元，2003年为4382.3亿美元，在大部分年份增长均为两位数以上。但是随着中国对外贸易的飞速发展和中国在2001年加入WTO，1994年颁布的对外贸易法在新的经济环境下表现出了诸多不足，如有些条款与WTO规定相矛盾，有些新的贸易方式在对外贸易法中找不到对应的规则和条款，或者过于抽象缺少可操作性，或者使外商进入后没有相应的规范规则。基于此，2004年4月6日，新修订的对外贸易法被通过，对1994年的对外贸易法做了实质性的重大修改。修订后的对外贸易法包括了总则、对外贸易经营者、货物进出口与技术进出口、国际服务贸易、与对外贸易有关的知识产权保护、对外贸易秩序、对外贸易调查、对外贸易救济、对外贸易促进、法律责任和附则等11章共70条。相较于老的贸易法，新修订的对外贸易法主要在外贸经营者范围、货物贸易和技术贸易外贸经营权以及国营贸易进出口许可等几方面做了修改。随后，中国针对外贸发展又相继出台了“科技兴贸”、“以质取胜”和“走出去”等战略，对外贸易结构日趋改善，质量效益逐步提高。

自2005年7月人民币汇率制度改革以后，中国外贸发展呈现出了新的特点，具体来说就是出口增速放缓，进口增速上升。根据海关总署的数据，2005年中国上半年出口增速为32.7%，而2007年上半年出口同比增速为27.6%；2005年上半年中国进口增速为14%，而2007年上半年进口同比增速为18.2%。虽然从增速上来看出口增速下降、进口增速上升，但是由于基数过大，如果从贸易顺差角度来看，顺差增长呈“加速跑”状态，海关总署的数据显示2005年上半年中国贸易顺差为400亿美元，而2007年上半年中国贸易顺差达到了1125亿美元。因此从速度和规模两种指标来看，人民币升值可以有效抑制出口贸易增速，但是对中国贸易收支调节作用并不显著。在分析贸易顺差过大和外汇储备持续快速增加的外部失衡问题时，国家外汇管理局在2007年7月发布的《2006年中国国际收支报告》中指出，国际收支顺差和逆差都是国际收支不平衡的表现形式，长期的国际收支不平衡会严重影响国民经济的正常运行。

在2008年爆发全球金融危机之后，世界经济增长放缓，全球金融持续动荡，中国经济发展面临巨大外部冲击，对外贸易形势严峻，中国外贸面临外需下降、全球贸易保护主义抬头等压力，连续多年出口快速增长的局面发生了逆转。中国出口总额在 2009 年较 2008 年有所下降（2008 年出口总额为 14 295 亿美元，2009 年为 12 016 亿美元），但随着国内外经济环境持续改善及中央政府“稳出口，扩进口”政策效应的继续显现，中国出口贸易总量在 2010 年又显著增长，并超过了金融危机前的水平，为 15 778 亿美元（表 3.1）。

表 3.1　1994～2013 年中国出口贸易情况

年份	绝对数/亿美元	名义增速/%	年份	绝对数/亿美元	名义增速/%
1994	1 210.1	31.86	2004	5 933.3	35.39
1995	1 487.8	22.95	2005	7 619.5	28.42
1996	1 510.5	1.53	2006	9 689.4	27.17
1997	1 827.9	21.01	2007	12 181	25.71
1998	1 837.1	0.5	2008	14 295	17.35
1999	1 949.3	6.11	2009	12 016	−15.94
2000	2 492	27.84	2010	15 778	31.31
2001	2 661	6.78	2011	18 985	20.33
2002	3 256	22.36	2012	20 490	7.93
2003	4 382.3	34.59	2013	22 092	7.82

资料来源：历年《中国统计年鉴》

3.3.2　中国出口商品结构发展

从出口商品结构来看，近些年中国出口商品结构不断优化，具体表现出以下三个特点。

第一，初级产品出口在总出口中所占的比重不断下降，工业制成品出口在总出口中所占比重不断上升。如图 3.8 所示，中国工业制成品出口占比和初级产品出口占比表现出了明显的两个阶段：第一阶段为 2007 年之前，中国工业制成品出口占比一直呈直线上升态势，中国初级产品出口占比一直呈直线下降态势；第二阶段为 2007 年之后，在这个时间段中，中国工业制成品出口占比和初级产品出口占比分别略有上升和下降，但基本保持水平趋势。但总的来看，中国工业制成品出口占比占据绝对优势，初级产品出口占比几乎可以忽略不计。因此从宏观角度来看，中国出口商品结构在不断改善和优化。

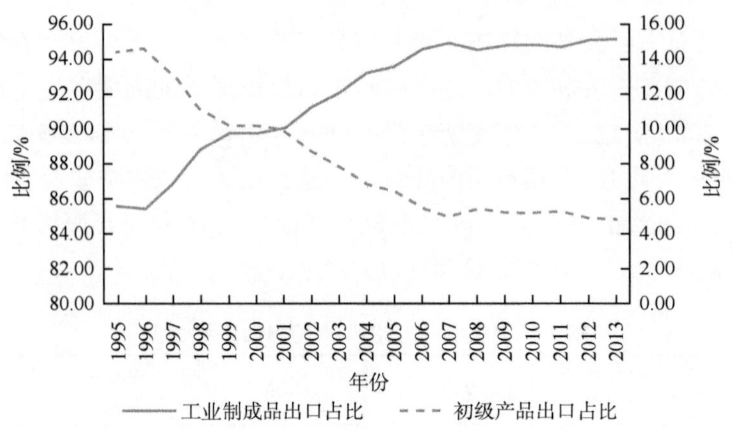

图 3.8　中国工业制成品出口占比（左轴）与初级产品出口占比（右轴）

资料来源：历年《中国统计年鉴》

第二，从初级产品出口结构来看，出口产品主要集中在食品及活动物和矿物燃料、润滑油及有关原料这两大类。2013 年的统计资料显示，这两大类商品出口占出口商品总量的 83%左右，由于这两类产品的附加值较低，国际市场需求弹性较小，所以发展潜力不大（图 3.9）。

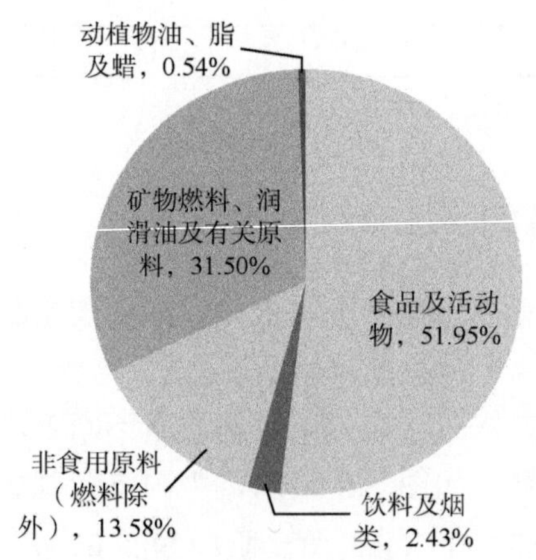

图 3.9　2013 年中国初级产品出口商品构成

资料来源：《中国统计年鉴》

第三，从工业制成品出口结构来看，出口商品主要集中在机械及运输设备、杂项制品和按原料分类的制成品这三大类。2013 年的统计资料显示，这三类产品在工业制成品出口中占比分别为 49%、28%和 17%（图 3.10）。历年的数据显示，在工业制成品中，轻纺产品、橡胶制品、矿冶产品及其制成品出口额增长较快，但是它们在工业制成品出口商品中占的比重在下降，机械及运输设备在工业制成品出口中所占比重在逐步上升。与此同时，工业制成品出口商品中高技术产品所占的比重也在逐渐上升，高技术产品出口对工业制成品商品出口结构提升的贡献率显著提高，国家统计局资料显示，2010 年中国高技术产品出口额占工业制成品出口额比重为 27.51%，世界平均水平为 17.48%。

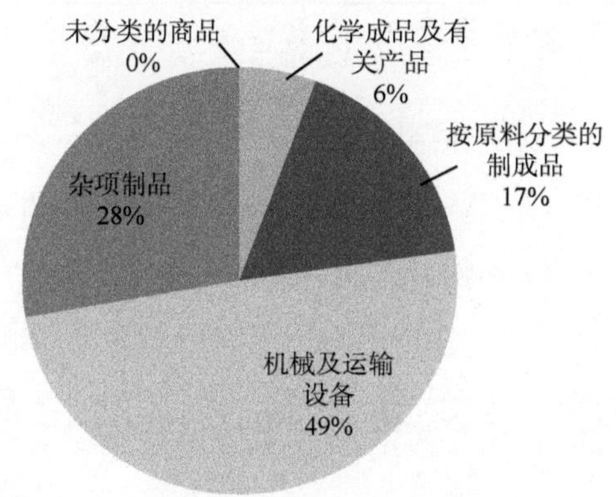

图 3.10　2013 年中国工业制成品出口商品构成

资料来源：2014 年《中国统计年鉴》

3.3.3　中国出口贸易方式发展

从出口贸易方式来看，出口贸易方式的结构表现出了明显的阶段性特征。如图 3.11 所示，1995～2007 年，中国加工贸易出口占比一直高于一般贸易出口占比，且基本高于 50%，而一般贸易出口占比基本稳定在 40%左右；在 2008 年，受国际金融危机影响，中国一般贸易出口占比与加工贸易出口占比显著下降，且均低于 50%；从 2009 年开始，随着近些年中国政府调整了加工出口贸易优惠政策，在促进加工出口贸易转型升级的同时，加大了对一般贸易出口的扶持力度，一般贸易出口增长较快，一般贸易出口占比显著上升，加工贸易出口占比显著下降，截至 2013 年，一般贸易出口占比上升至 49.24%，而加工贸易出口占比下降至 38.79%。

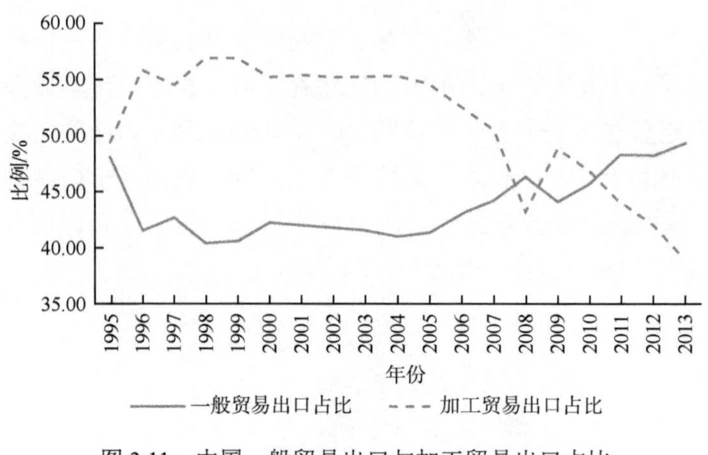

图 3.11　中国一般贸易出口与加工贸易出口占比

资料来源：历年《中国统计年鉴》

3.4　人民币汇率变动对我国出口贸易影响机制

人民币汇率对中国出口贸易的影响可以从三个角度来分析，即人民币汇率变动（升值还是贬值）、人民币汇率错位（低估还是高估）和人民币汇率波动（低幅波动还是高幅波动）。

从人民币汇率变动角度来看，汇率变动对中国出口贸易的影响主要是通过价格机制来实现，而影响这一传导机制的因素有很多，比如出口供给的价格弹性、出口需求的价格弹性、出口厂商的价格加成能力、出口商品生产投入的来源、出口目的国贸易政策等。出口供给的价格弹性和出口需求的价格弹性是指出口商品生产厂商供给数量和海外需求对价格变动的敏感程度，当供给价格弹性和需求价格弹性大于 1 时，汇率变动对出口贸易的影响较大；出口厂商价格加成能力反映了出口厂商的市场势力，即其面对不利汇率变动时调整出口商品价格的能力；出口商品生产投入的来源也会影响汇率变动时出口商品价格的调整幅度，由于汇率变动同时影响进口原材料的成本和出口商品的价格，一般来说进口原材料在生产投入中占的比重越大，汇率变动对出口贸易影响程度越小。目前，中国出口商品中劳动密集型和资源密集型的低附加值产品所占比重较大，厂商议价能力较弱，一旦出现人民币汇率过度不利变动，出口贸易会受严重损害。

从人民币汇率错位角度来看，实际汇率错位会对一国进出口、外商直接投资、产业发展、收入分配等方面产生重要影响。观察采取出口导向型经济发展模式国家的历史经验可以发现，在其经济发展的初始阶段，国家往往会在一定程度上低估本币汇率以刺激出口发展。就中国而言，大量研究文献表明，人民币名义汇率和实际汇率在大部分年份都存在一定程度的低估，在个别年份出现了高估，但中外学者关于人民币汇率低估和高估的程度并未得到一致的结论。有学者认为人民币汇率错位会对出口贸易产生负面影响（吴丽华和王锋，2006；孟猛和郑昭阳，2008），但我们认为应将人民币汇率错位阶段进行划分，即高估阶段和低估阶段，从经济理论上来判断，人民币汇率高估会影响中国出口贸易，但人民币汇率低估如果不能促进出口贸易的发展，至少不应当阻碍出口贸易的增长。

从人民币汇率波动角度来看，汇率波动幅度可以被视为汇率风险的代理变量，影响汇率风险对出口贸易作用的主要因素有出口厂商的市场竞争地位、利润空间和金融市场成熟度等。当本国厂商过度依赖进口、议价能力低下、利润空间偏低及国内金融避险工具缺失时，汇率大幅波动会对出口贸易产生较大影响。随着人民币汇率形成机制改革的深化，银行间即期外汇市场上人民币兑美元交易价的波动幅度已从最早的 5‰扩大至 2%，但是目前中国出口产品结构单一、附加值偏低且出口市场较为集中，加之国内汇率套期保值工具发展滞后，人民币汇率波动幅度对中国出口贸易的影响需要进一步实证分析。

3.5　本 章 小 结

从中国改革开放的历程来看，中国实施的出口导向型策略带动了国内市场的进一步开放，促使中国由计划经济转向中国特色的社会主义市场经济。中国外贸出口的迅速增长改变了中国长期闭关自守的封闭状态，推动了国内经济体制的市场化改革，提高了国民经济运行的效率，对中国获取大量国际分工比较利益，促进国民经济快速增长起到了积极的推动作用。

虽然从近些年的情况来看，外贸出口的迅速发展给中国经济社会带来了一些负面影响，如外贸依存度大幅攀升带来的系统风险，粗放型出口增长加剧了经济发展与环境保护之间的矛盾，对外贸易摩擦日趋频繁，要素市场价格扭曲等，但是我们更要看到外贸出口在推动中国经济增长、促进就业增长、推动技术进步，以及扩大和获取规模经济等方面的积极贡献。在推动出口企业转型升级、优化对外贸易发展模式的同时一定要促进外贸发展稳定增长。

就目前中国外贸发展的环境来看，2008 年国际金融危机之后西方发达国家经济复苏缓慢，中国出口的外部环境不容乐观，而在经过历次人民币汇率形成机制改革后，人民币汇率正进入长期升值通道，这也给中国外贸发展带来了影响。鉴于中国外贸出口复杂严峻的形势，2014 年 5 月国务院办公厅专门下发了《关于支持外贸稳定增长的若干意见》，其中就提到“进一步完善人民币汇率市场化形成机制，进一步发挥市场在人民币汇率形成中的作用，增强人民币汇率双向浮动弹性，保持人民币汇率在合理均衡水平上的基本稳定。鼓励金融机构开发适应实体经济发展需要的避险产品，帮助企业有效规避汇率风险”。考虑到人民币汇率水平变动、人民币汇率错位和人民币汇率变动率对中国出口贸易的影响可能存在差异，本书将在后面几章分别从这三个角度实证分析人民币汇率对中国出口贸易的影响。

第4章 人民币汇率变动对中国出口贸易的影响

2005年7月21日，人民币汇率形成机制再次改革，人民币兑美元名义汇率一次性升值 2%，此后又基本保持了上升趋势。政学两界的主流观点认为，人民币汇率形成机制改革可以更好地借助市场力量对资源进行合理配置，人民币汇率升值可以抑制出口，扩大进口，有效调节贸易收支，缓解当前贸易严重失衡的局面。另外，人民币升值还可以倒逼出口企业优胜劣汰进行转型升级，并以此带动中国经济增长模式的合理转换。但是相关推断基本是基于理论层面的逻辑推演，也有学者不认同人民币升值的贸易收支调节作用。因此，本章首先从汇率变动、出口贸易方式和贸易伙伴三个角度初步解释了人民币汇率升值对出口的影响，然后建立计量模型，以中国1994～2014年的季度数据为样本，采用分布滞后回归方法研究了人民币汇率变动对中国出口贸易的影响。

4.1 问题的提出

2005年7月1日，中国人民银行宣布改革人民币汇率形成机制，人民币不再盯住单一美元，同时把人民币汇率调整为1美元兑换 8.11 元人民币。截至 2014年10月，美元对人民币汇率为1美元兑换 6.11 元人民币，较2005年7月1日人民币对美元名义汇率已升值约 24.7%。就外部环境来看，以美国和日本为代表国家的部分领导人出于国内政治选举的需要，一直认为人民币币值被低估，要求人民币升值；就内部环境来看，中国长期存在的经常项目顺差和资本项目顺差并存，以及高额的外汇储备也给人民币升值带来了压力。只要人民币名义汇率升值还无法有效缩小中国贸易顺差，人民币升值的压力就很难得到缓解，换言之，中国出口部门在未来将要长期面对人民币升值的压力。考虑到出口贸易对中国经济增长的重要影响，研究人民币汇率变动对中国出口贸易的影响就变得尤为重要，这一方面可以帮助出口企业根据汇率变动做好风险规避，另一方面也有助于货币当局制定和实施有效的汇率政策。

理论上，本币升值会抑制出口，刺激进口，但是具体到人民币升值对中国出口贸易的影响，人民币升值的贸易效应有待商榷。影响出口贸易的因素有很多，除了进出口国实际收入影响因素，汇率传递大小和进出口需求的价格弹性都会影响一国出口贸易，在这些因素影响下，名义汇率升值对出口的影响可能会被弱化。因此关于人民币升值是否会影响中国进口、出口和贸易收支，以及影响程度和方向如何，国内外学者的观点不尽相同。有学者认为人民币升值可以有效抑制中国出口贸易，如 Ahmed（2010）根据中国的实际情况建立了一个包含一般贸易出口和加工贸易出口的理论模型，然后基于理论模型实证分析了中国出口贸易对汇率变动的弹性，结果表明中国一般贸易出口和加工贸易出口的长期价格弹性大于 1，人民币汇率升值对出口贸易的影响十分显著。在进一步的分析中，Ahmed（2010）指出，如果人民币实际汇率相对于亚洲新兴市场国家货币升值，人民币升值对加工贸易出口影响为正，但不显著，人民币升值对一般贸易出口影响显著为负；如果人民币实际汇率相对于发达国家货币升值，则人民币升值对加工贸易出口和一般贸易出口影响都显著为负。最后，Ahmed（2010）以 2005 年为起点，模拟了人民币实际汇率每年升值 10%的情况，结果显示中国实际出口应该比现实情况少 30%，因此，他建议应该扩大人民币汇率的波动区间，通过抑制出口来减少中国巨额贸易盈余。卢向前和戴国强（2005）利用人民币对美元、欧元、日元、加元、港币、英镑、澳元、瑞士法郎和新加坡元等世界主要货币的汇率及各国或地区物价指数构造了人民币加权实际汇率，然后以 1994～2003 年的月度数据为样本，使用协整向量自回归的分析方法核算了人民币实际汇率对中国进出口的影响，结果发现人民币实际汇率波动对中国进出口影响显著，马歇尔-勒纳条件在中国成立，且人民币实际汇率波动对中国进出口影响存在显著的 J 曲线效应。人民币实际汇率升值对中国出口贸易存在显著的负向冲击作用，而随着中国经济的快速增长，人民币升值是必然趋势，因此应选择合适的时机调整人民币汇率，具体来说就是应该在经济处于上行阶段时调整人民币汇率，降低其对中国经济的负面冲击。陈学彬和徐明东（2007）选取 1997～2006 年的月度数据运用向量自回归模型（vector autoregression，VAR）方法，在控制了外国直接投资（foreign direct investment，FDI）存量和加工贸易特征后分析了人民币实际汇率变动对中国贸易收支的影响，结果发现人民币实际有效汇率变动对中国进口、出口和净出口影响显著，人民币实际汇率升值对中国进口和出口的冲击都是负向的，且对贸易顺差影响存在时滞效应，人民币实际汇率升值会使中国贸易顺差先增加再减少。

此外，也有学者认为人民币汇率升值对中国出口贸易无显著影响。例如，Lau 和 Li（2004）研究了中国出口贸易对人民币汇率的弹性，发现在 1995～2003 年中国出口贸易对人民币汇率的弹性很小，人民币升值对中国出口贸易的负向影响十分微弱；然后他们进一步区分了人民币汇率变动对一般出口贸易和加工出口贸易的影响，此时发现一般出口贸易对人民币汇率的弹性显著上升，人民币汇率大幅升值会阻碍中国一般出口贸易的增加。Thorbecke（2006）研究了人民币汇率变动对中国整体出口贸易的影响及对 30 个主要贸易伙伴出口的影响，结果发现，从国别（地区）角度来看，人民币实际汇率贬值对中国出口贸易的影响有正有负，从总体角度来看，人民币实际汇率贬值对中国出口贸易影响不大。沈国兵（2005）研究了人民币汇率对中美贸易收支的影响，结果发现人民币汇率变动不是影响中美贸易不平衡的主要因素，使用 1994～2002 年的年度数据和 1998～2003 年的月度数据进行分析，发现中美贸易收支与人民币汇率之间没有长期稳定的协整关系。赵华春等（2011）使用向量误差修正模型研究了人民币实际有效汇率对中国和澳大利亚间贸易收支的影响，结果发现人民币实际有效汇率与中澳间贸易收支没有因果关系，人民币升值不能解决澳大利亚对中国的贸易逆差问题。周文贵和陈梁（2011）从毕肯戴克-罗宾逊-梅茨勒条件的视角，使用线性回归回退算法分析了人民币名义汇率、中美物价水平、中美国民收入、劳动力成本和储蓄率之间的关系，结果发现由于美国对中国出口产品需求价格弹性较小，人民币对美元升值并不能有效减少中国对美国的顺差。

4.2　人民币汇率变动对中国出口影响的初步解释

在国际金融理论中，弹性分析法、吸收分析法和货币分析法都认为在一定条件下本币贬值可以改善贸易收支不平衡，其本质是认为本币贬值可以通过价格传导机制降低出口商品价格，提高进口商品价格，从而增加出口，减少进口。但是在 1985 年“广场协议”之后，日元持续大幅升值，而其出口并未受到太大影响，贸易顺差持续扩大。对于中国来说，自 2005 年 7 月以来人民币对美元名义汇率持续升值，但中国出口贸易额似乎未受到太大影响。这都说明汇率水平只是影响一国出口贸易的一个因素，在其他影响因素的作用下，汇率对出口贸易的影响会被弱化，下面我们将从三个视角来分析可能的原因。

第一，实际汇率与名义汇率关系的视角。实际汇率也被称为真实汇率，是指剔除了两国间货币因素的汇率水平，即名义汇率是经过了两国相对价格调整后的汇率水平。具体来说，实际汇率可以表示为名义汇率与两国相对物价水平的乘积；如果对实际汇率取对数，也可以把它表示为名义汇率的对数加上两国物价水平对数的差。实际汇率的乘积形式和对数形式在本质上是统一的，但在经济学理论研究中人们常用的是对数形式，以方便求弹性。所以实际汇率实际上是一个相对价格指标，度量了本国商品（或商品篮子）与外国商品（或商品篮子）的换算比例。如果名义汇率用间接标价法，那么实际汇率上升时表示本国物价水平相对外国上升；反之，则意味着本国物价水平相对外国下降。实际汇率等于名义汇率（间接标价法）乘以本国价格与外国价格的比值，如果本国价格与外国价格的比值保持不变，则名义汇率升值时实际汇率也会升值。但是由于本国价格与外国价格的比值是变化的，所以名义汇率升值时实际汇率的变动方向难以确定。如果名义汇率升值时实际汇率并未升值，则名义汇率升值往往不会对本国的出口贸易产生负面影响；如果名义汇率升值时伴随着实际汇率的升值，此时名义汇率升值可能对出口贸易产生负面影响，也可能对出口贸易无实质影响。对于人民币汇率来说，人民币名义汇率升值一般会使人民币实际汇率同步升值，但是由于存在价格黏性，人民币实际汇率升值的幅度小于人民币名义汇率升值的幅度。从现实数据来看，人民币实际汇率升值时中国出口贸易并未下降，主要原因可能是人民币汇率存在低估，虽然低估的程度难以准确估计，但是人民币名义汇率低估和人民币实际汇率低估共存（杨雪峰，2013）。因此，人民币名义汇率升值的效果可以分为两个阶段：在第一阶段中，人民币名义汇率升值带动实际汇率升值只是回补与均衡汇率之间的缺口，此时人民币名义汇率升值和实际汇率升值并不会对出口产生抑制作用；在第二阶段中，人民币名义汇率和实际汇率达到均衡汇率水平，此时汇率升值会阻碍中国出口的增加。因此，综合来看人民币名义汇率升值对中国出口贸易增长存在滞后影响，符合 J 曲线效应。

第二，贸易出口方式的视角。对于不同类型的出口企业来说，本币汇率升值对其出口贸易的影响程度是不同的。具体而言，面对同样的汇率变动，加工贸易企业和一般贸易企业出口的反应会存在差异。所谓加工贸易，是指经营企业进口一部分或全部的原辅材料、零部件、元器件、包装物料，经过加工或装配后再将制成品出口的经营活动，一般包括来料加工和进料加工。在改革开放以后，中国加工贸易发展迅速，在对外贸易中占有极其重要的地位，为中国对外贸易及经济社会发展做出了巨大贡献。中国出口贸易结构在过去几十年中发生了巨大的变化，因此人们习惯把贸易部门划分为一般贸易部门和加工贸易部门。海关总署的资料显示，从 1996 年开始一般贸易出口和加工贸易出口占了中国出口贸易的绝大部分，而且从出口产值来看，当时加工贸易出口产值远高于一般贸易。但是在 2007 年左右，这种情况发生了变化，加工贸易出口占出口总额的比重开始下降，而一般贸易出口占出口总额的比重开始上升。

对于一般贸易出口企业和加工贸易出口企业来说，人民币名义汇率升值对一般贸易出口企业影响更大。对于一般贸易出口企业来说，在人民币名义汇率升值的背景下，其将面对是否提价的两难选择：如果企业维持产品在出口国的价格不变，那么人民币名义汇率升值将侵蚀企业利润；如果企业提高产品在出口国的价格，则将面对产品竞争力下降并丧失部分市场份额的恶果。因此，人民币名义汇率升值有可能导致一般贸易出口企业出口的下降。对于加工贸易出口企业来说，人民币名义汇率升值对其贸易出口影响较小。由于加工贸易出口企业生产产品所需原料来自国外，生产的产品销往国外，这种所谓“两头在外”的模式使其承受人民币名义汇率升值压力的能力较强。当人民币名义汇率升值时，加工贸易出口企业的出口产品的收益固然下降了，但由于其在购买原料时成本相应也会下降，所以总利润受人民币名义汇率升值的影响较小。

对于中国来说，在 2007 年以前加工贸易出口占比一直较高，由于其承受人民币名义汇率升值压力的能力较一般贸易出口企业更强，短期内受人民币名义汇率升值的影响很小。对于中国一般贸易出口企业来说，人民币名义汇率升值首先会使其利润下降，但是从人民币名义汇率升值到其产品的国际市场竞争力大幅下降存在一定的时滞，因此短期来看面对人民币名义汇率升值，其出口下降幅度不会太大。综合来看，人民币名义汇率升值短期不会给中国出口贸易带来很强的冲击（表 4.1）。

表 4.1　1995～2013 年中国对外贸易额与加工贸易额对比

年份	进出口总额/亿美元	加工贸易进出口		加工贸易出口		加工贸易进口	
		总额/亿美元	比重/%	总额/亿美元	比重/%	总额/亿美元	比重/%
1995	2 808.6	1 320.8	47.0	737.0	49.5	583.7	44.2
2000	4 743.0	2 302.1	48.5	1 376.1	55.2	926.0	41.1
2001	5 096.5	2 414.3	47.4	1 474.5	55.4	939.8	38.6
2002	6 207.9	3 021.6	48.7	1 799.4	55.3	1 222.2	41.4
2003	8 512.1	4 047.9	47.6	2 418.5	55.2	1 629.4	39.5
2004	11 547.4	5 497.3	47.6	3 279.9	55.3	2 217.4	39.5
2005	14 221.2	6 904.8	48.6	4 164.7	54.7	2 740.1	41.5
2006	17 606.9	8 318.6	47.2	5 103.7	52.7	3 214.9	40.6
2007	21 738.3	9 860.5	45.4	6 176.5	50.7	3 684.0	38.5
2008	25 616.3	10 535.9	41.1	6 751.8	43.7	3 784.1	33.4
2009	22 072.7	9 093.2	41.2	5 869.8	48.8	3 223.4	32.1
2010	29 701.8	11 577.6	38.9	7 405.4	46.9	4 174.9	30.0
2011	36 420.6	13 052.1	35.8	8 354.2	44.0	4 697.9	26.9
2012	38 667.6	13 439.5	34.8	8 627.8	39.0	4 811.7	24.7
2013	41 600.0	13 578.0	39.0	8 608.2	37.6	4 969.9	25.5

注：1996～1999 年数据缺失

资料来源：中国海关总署

第三，贸易国（地区）别的视角。在贸易数量不断增长的同时，中国大陆对外贸易格局也日趋多元化，对外贸易的国家和地区不断增加，贸易伙伴趋于分散，但从总量上看，中国大陆对外贸易的国家和地区又有高度集中的特征。如表 4.2 所示，2000～2003 年，日本是中国大陆的第一大贸易伙伴，而 2004～2013 年，欧盟成为中国第一大贸易伙伴。2000～2013 年，中国大陆的前七大贸易伙伴是欧盟、美国、东盟、日本、中国香港、韩国和中国台湾，其中在 2000～2010 年中国大陆前三大贸易伙伴没有发生变化，只是位次有所变动，分别是欧盟、美国和日本；2011～2013 年中国大陆前三大贸易伙伴变为欧盟、美国和东盟。2000～2003 年，欧盟是中国大陆的第三大贸易伙伴，在中国大陆货物外贸中所占份额约为 14%，从 2004 年开始，欧盟一跃成为中国大陆第一大贸易伙伴。2000～2013 年，美国一直是中国大陆的第二大贸易伙伴，但其在中国大陆货物外贸中所占的份额一直在下降，2000 年为 15.7%，2003 年为 14.85%，2010 年为 12.96%，2013 年仅为 12.31%，比 2000 年下降了 3.39 个百分点。2000～2003 年，日本是中国大陆的第一大贸易伙伴，但从 2004 年起，被欧盟和美国超过，成为中国大陆第三大贸易伙伴，从 2011 年起，更是跌出中国大陆前三大贸易伙伴之列，截至 2013 年其在中国大陆货物外贸中所占的份额跌至最低的 7.51%，比 2000 年下降了 10.02 个百分点。

对于中国大陆和中国大陆出口企业来说，人民币名义汇率升值对其贸易出口的影响与其出口国（地区）别集中度有一定关系。当人民币对美元名义汇率升值时，人民币对其他经济体货币名义汇率可能会升值也可能会贬值。自 2005 年 7 月以来，人民币对美元名义汇率显著升值，观察同期欧元对美元名义汇率可以发现，欧元对美元名义汇率升值速度更快，即在此阶段人民币对欧元名义汇率是贬值的，这在一定程度上推动了中国大陆对欧洲国家出口的增加。由此可以看出在同一时期人民币对外币名义汇率升值还是贬值存在差异，对有些国家（地区）出口会上升，而对有些国家（地区）出口会下降，综合来看，中国大陆贸易国别（地区）多元化的特征在一定程度上缓冲了人民币兑美元名义汇率升值对贸易出口增长的负面影响。

表 4.2　2000～2013 年中国大陆主要贸易伙伴在中国大陆货物外贸中所占份额　（单位：%）

国家（地区）	2000年	2001年	2002年	2003年	2004年	2005年	2006年	2007年	2008年	2009年	2010年	2011年	2012年	2013年
欧盟	14.56	15.91	14.95	14.7	15.35	15.48	15.99	16.38	16.61	16.48	16.13	15.57	14.12	13.44
美国	15.7	15.79	15.66	14.85	14.69	14.88	14.92	13.9	13.02	13.51	12.96	12.26	12.53	12.31
日本	17.53	17.21	16.42	15.69	12.97	12.97	11.78	10.86	10.41	10.36	10.02	9.61	8.52	7.51
中国香港	11.37	10.98	11.15	10.27	9.61	9.61	9.43	9.07	7.94	7.92	7.76	7.41	8.83	9.64
东盟	8.33	8.16	8.82	9.20	9.17	9.17	9.14	9.32	9.02	9.65	9.85	9.96	10.35	10.66
韩国	7.27	7.04	7.10	7.43	7.8	7.87	7.63	9.32	7.26	7.08	6.97	5.87	5.56	6.59
中国台湾	6.44	6.34	7.19	6.86	6.78	6.42	6.13	5.73	5.04	4.81	4.89	4.12	4.37	4.74

资料来源：历年《中国统计年鉴》

4.3 实证分析

4.3.1 模型与方法：多项式分布滞后模型

在现实经济系统中，解释变量对被解释变量的影响常常存在滞后效应，如当期的货币政策对产出的影响要在若干期后出现；而且被解释变量的滞后值也会影响当期值，如常见的通货膨胀往往存在惯性特征。如果模型如式（4.1）所示，即包含变量的滞后期，则模型叫作分布滞后模型（distributed lag model）。

$$y_t = \boldsymbol{w}_t^{\mathrm{T}}\boldsymbol{\delta} + \beta_0 x_t + \beta_1 x_{t-1} + \cdots + \beta_k x_{t-k} + u_t,\quad t = 1,2,\cdots,T \tag{4.1}$$

式中，$\boldsymbol{w}_t=(w_{1t}, w_{2t}, \cdots, w_{dt})^{\mathrm{T}}$表示独立变量构成的解释变量向量；$\boldsymbol{\delta}=(\delta_0, \delta_1, \cdots, \delta_d)^{\mathrm{T}}$表示相应的系数向量；系数向量$\boldsymbol{\beta}$描述了$x$对$y$的作用：$\beta_0$表示当期乘数作用，$\beta_i$表示$x$在$i$期后对$y$的乘数作用，$(\beta_0+\beta_1+\cdots+\beta_k)$表示$x$对$y$的总体影响或长期乘数。

如果解释变量和误差项不相关，那么我们可以使用普通最小二乘法估计分布滞后模型中的系数；但是如果解释变量的滞后阶数较高，解释变量的当期值和滞后值往往存在多重共线性的问题，而且此时使用普通最小二乘法会损失较多的自由度。为了解决这个问题，我们可以使用多项式分布滞后模型（polynomial distributed lags，PDLs model）来估计模型中的参数，即我们可以用p阶多项式来拟合模型中的系数β_i，举例来说，如果使用二次多项式拟合系数β_i，则

$$\beta_i = ai^2 + bi + c \tag{4.2}$$

对应的二次多项式的值就是β_i的近似值。

一般地，p阶多项式分布滞后模型假定系数β_i服从如下形式的p阶多项式：

$$\beta_i = \gamma_1 + \gamma_2(i-\overline{c}) + \gamma_3(i-\overline{c})^2 + \cdots + \gamma_{p+1}(i-\overline{c})^p \tag{4.3}$$

式中，$\overline{c}$为事先定义的常数，具体取值为

$$\overline{c} = \begin{cases} (k-1)/2, & p\text{为奇数} \\ k/2, & p\text{为偶数} \end{cases}$$

如果考虑到x对y的前期值没有影响，可以施加一个近端约束，即$\beta_{-1}=0$；如果认为x对y的影响在k期后截止，则可以施加一个远端约束，即$\beta_{k+1}=0$。

根据 Reinhart（1995）的研究，在对出口需求进行实证分析时一般标准形式为

$$X^d = f(Y^*, P_x, P_x^*, E)$$

式中，X^d为实际出口需求；Y^*为出口目的国（地区）实际 GDP；P_x为本国出口

商品价格；P_x^* 为出口目的国（地区）商品价格；E 为名义汇率。

如果使用实际汇率代替名义汇率，则出口需求方程可进一步简化为

$$X^d = f(Y^*, e)$$

式中，e 为实际汇率。考虑到中国贸易出口的惯性及实际汇率对出口需求的当期影响和滞后影响，并对各变量取对数形式，则中国贸易出口需求的多项式分布滞后模型可以表示为

$$\ln(X_t^d) = a + b\ln(X_{t-1}^d) + c\ln Y_t^* + \sum_{i=0}^{n} d_i \ln e_{t-i} + \varepsilon_t,\quad \varepsilon_t \sim (0, \sigma^2) \tag{4.4}$$

式中，c 为出口需求的收入弹性；d_i 为出口需求的汇率弹性，选择合适的数值 n 后即可求得出口需求的当期汇率弹性和长期汇率弹性。按照标准经济逻辑，c 应该大于 0，d_i 应该小于 0，即出口目的国（地区）实际 GDP 增长将增加本国贸易出口，而本币实际有效汇率（或名义有效汇率）升值将减少本国贸易出口。

4.3.2　实证结果

本章实证分析采用 1995 年第一季度至 2014 年第二季度的数据，数据来自中国商务部网站、国际清算银行网站、中经网统计数据库和 EIU Countrydata 数据库。根据中国大陆主要贸易伙伴我们选择了德国、法国、英国、意大利、西班牙、美国、日本、印度尼西亚、泰国、马来西亚、新加坡、菲律宾、中国香港、韩国、中国台湾、澳大利亚、俄罗斯和印度这 18 个国家和地区作为中国大陆主要贸易伙伴国（地区）的样本国家（地区），将它们的实际 GDP 加权平均即得到序列，权重为中国大陆对该国（地区）出口额除以中国大陆总出口额。出口季度数据经过 CPI（2005 年=100）调整为实际值，然后使用 X-12 方法进行调整。

1. 中国出口需求多项式分布滞后模型的估计

根据 AIC 准则（Akaike information criterion），又称赤池信息量准则，我们选择实际有效汇率和名义有效汇率分别滞后 2 阶的多项式分布滞后模型，其中选择二次多项式对系数进行逼近，并施加近端约束和远端约束。此时出口方程的估计结果如表 4.3 所示，其中在模型 1 中用实际有效汇率作为汇率的代理变量，在模型 2 中用名义有效汇率作为汇率的代理变量。两个模型的拟合优度均为 0.96，说明该多项式分布滞后模型对中国出口量的动态演进拟合较好。由表 4.3 结果可以看出：第一，出口增长存在滞后效应，滞后一期的出口对本期出口存在显著正向影响；第二，外部经济环境变化对中国出口影响显著，中国主要出口国（地区）的实际 GDP 增长会带动中国出口增加；第三，不论是用名义有效汇率还是实际有

效汇率作为汇率的代理变量，汇率升值都会阻碍中国出口增加，但是当期汇率波动对中国出口影响弹性较小，因此综合考虑出口的滞后效应时会出现当期汇率升值但是当期出口并未下降的现象。但是出口对汇率的长期弹性较大，因此长远来看，汇率升值会使中国出口显著下降。

表 4.3　中国出口需求多项式分布滞后模型的估计结果

项目	c	$\ln ex_{t-1}$	$\ln Y^*$	$\ln e$	$\ln e_{t-1}$	$\ln e_{t-2}$	R^2
模型 1	1.22	0.99	0.77	–0.93	–1.24	–0.92	0.96
t 值	（17.58）	（20.08）	（9.46）	（–3.44）	（–7.19）	（–3.44）	
模型 2	1.34	0.99	0.68	–0.71	–0.94	–0.71	0.96
t 值	（19.94）	（21.89）	（9.35）	（–2.23）	（–2.25）	（–2.23）	

具体分析模型 1 和模型 2 的估计结果可以发现，中国实际出口对当期实际有效汇率和名义有效汇率的弹性都较小，当期实际有效汇率升值 1%时，中国出口下降 0.93%；当期名义有效汇率升值 1%时，中国出口下降 0.71%。这说明当实际有效汇率和名义有效汇率升值幅度较小时，中国出口因此下降的幅度也较小。如图 4.1 所示，在 1995 年第一季度至 2014 年第二季度，人民币名义有效汇率季度升值均值为 0.57%，人民币实际有效汇率季度升值均值为 0.56%。按照中国出口对人民币名义有效汇率的弹性和对实际有效汇率的弹性计算，中国出口平均每季度下降 0.41%和 0.52%，可以看出当期汇率升值对当期出口影响很小。另外，中国出口对当期实际有效汇率的弹性大于对当期名义有效汇率的弹性，这说明中国通货膨胀上升对出口也具有一定缩减作用。

另外，从长期弹性来看，中国出口对实际有效汇率的长期弹性为–3.09，中国出口对名义有效汇率的长期弹性为–2.36，远大于中国出口对实际有效汇率和名义有效汇率的短期弹性。当人民币实际有效汇率升值 1%时，中国出口长期水平下降 3.09%；当人民币名义有效汇率升值 1%时，中国出口长期水平下降 2.36%。如图 4.2 所示，在 1995 年第三季度至 2014 年第二季度，滞后 2 期人民币实际有效汇率升值均值和滞后 2 期名义有效汇率升值均值都为 1.35%。此时，按照中国出口对实际有效汇率和名义有效汇率的长期弹性计算，中国出口每两个季度要下降 4.17%和 3.18%。因此从出口对汇率的长期弹性来看，汇率升值对中国出口影响较大。

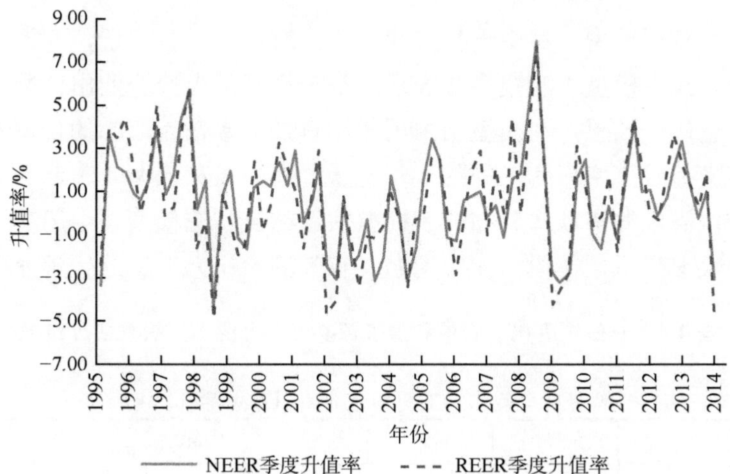

图 4.1　名义有效汇率和实际有效汇率季度升值率①

资料来源：BVD Countrydata 数据库

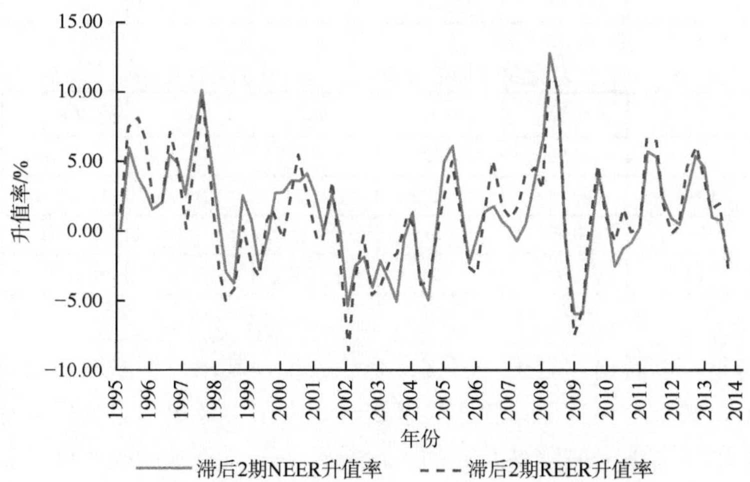

图 4.2　滞后 2 期名义有效汇率和实际有效汇率季度升值率

资料来源：BVD Countrydata 数据库

2. 一般贸易出口企业和加工贸易出口企业出口需求方程的估计

表 4.4 列出了一般贸易企业和加工贸易企业出口需求方程的多项式分布滞后模型估计结果，根据 AIC，我们选择实际有效汇率和名义有效汇率分别滞后 2 阶

① 名义有效汇率和实际有效汇率原始数据来自国际清算银行网站。

的多项式分布滞后模型，其中选择二次多项式对系数进行逼近，并施加近端约束和远端约束。其中模型 1 和模型 2 表示的是一般贸易出口企业出口需求的多项式分布滞后模型估计结果，在模型 1 中用实际有效汇率作为汇率的代理变量，在模型 2 中用名义有效汇率作为汇率的代理变量；模型 3 和模型 4 表示的是加工贸易出口企业出口需求的多项式分布滞后模型估计结果，在模型 3 中用实际有效汇率作为汇率的代理变量，在模型 4 中用名义有效汇率作为汇率的代理变量。

表 4.4　一般贸易出口企业和加工贸易出口企业出口需求估计结果

（a）一般贸易企业和加工贸易企业出口需求估计结果（一）

项目	c	$\ln YB_{t-1}$	$\ln Y^*$	$\ln e$	$\ln e_{t-1}$	$\ln e_{t-2}$	R^2
模型 1	1.54	1	2.11	– 0.85	– 1.13	– 0.85	0.96
t 值	（9.03）	（74.85）	（5.44）	（–3.38）	（– 3.38）	（– 3.38）	
模型 2	1.66	1	2.21	– 0.62	– 0.82	– 0.62	0.96
t 值	（8.61）	（49.88）	（5.23）	（– 2.11）	（– 2.11）	（– 2.11）	

（b）一般贸易企业和加工贸易企业出口需求估计结果（二）

项目	c	$\ln JG_{t-1}$	$\ln Y^*$	$\ln e$	$\ln e_{t-1}$	$\ln e_{t-2}$	R^2
模型 3	1.01	0.99	1.62	– 0.13	– 0.18	– 0.13	0.96
t 值	（10.99）	（90.24）	（17.27）	（– 4.93）	（– 4.93）	（– 4.93）	
模型 4	1.18	0.99	1.81	– 0.11	– 0.15	– 0.11	0.96
t 值	（14.14）	（81.49）	（18.36）	（– 3.56）	（– 3.56）	（– 3.56）	

根据结果可以看出，对于一般贸易企业来说，其出口需求存在滞后效应，滞后 1 期的出口需求对当期出口存在显著影响。中国主要出口目的国（地区）的经济发展也会影响中国一般贸易企业的出口需求，出口需求的收入弹性为正。中国一般贸易企业出口的当期汇率弹性较小，长期汇率弹性较大，汇率升值会阻碍中国一般贸易企业出口的增长。在模型 1 中，出口需求的收入弹性为 2.11，说明中国主要出口目的国（地区）的实际 GDP 增长 1%时，中国一般贸易企业出口上升 2.11%；出口需求的当期汇率弹性为–0.85，说明当期人民币实际有效汇率升值 1%时，中国一般贸易企业出口下降 0.85%，出口需求的长期汇率弹性为– 2.83，说明长期来看人民币实际有效汇率升值 1%时，中国一般贸易企业出口会下降 2.83%。在模型 2 中，出口需求的收入弹性为 2.21，说明中国主要出口目的国（地区）的实际 GDP 增长 1%时，中国一般贸易企业出口上升 2.21%；出口需求的当期汇率

弹性为– 0.62，说明当期人民币名义有效汇率升值 1%时，中国一般贸易企业出口下降 0.62%，出口需求的长期汇率弹性为– 2.06，说明长期来看，人民币名义有效汇率升值 1%时，中国一般贸易企业出口会下降 2.06%。对比模型 1 和模型 2 可以发现，当人民币用名义有效汇率作为汇率的代理变量时，中国一般贸易企业出口的收入弹性更大；当用人民币实际有效汇率作为汇率的代理变量时，中国一般贸易企业出口的汇率弹性绝对值更大。

对于加工贸易企业来说，其出口需求也存在滞后效应，滞后 1 期的出口需求会对当期出口存在显著影响，而且出口需求的收入弹性为正，中国主要出口国的经济增长会引起中国加工贸易企业出口的增加。和一般贸易企业出口需求类似，中国加工贸易企业出口的当期汇率弹性较小，长期汇率弹性较大，汇率升值会阻碍中国加工贸易企业出口的增长。在模型 3 中，出口需求的收入弹性为 1.62，说明中国主要出口国的实际 GDP 增长 1%时，中国加工贸易企业出口上升 1.62%；出口需求的当期汇率弹性为– 0.13，说明当期人民币实际有效汇率升值 1%时，中国加工贸易企业出口会下降 0.13%，出口需求的长期汇率弹性为–0.44，说明长期来看，人民币实际有效汇率升值 1%时，中国加工贸易企业出口会下降 0.44%。在模型 4 中，出口需求的收入弹性为 1.81，说明中国主要出口目的国（地区）的实际 GDP 增长 1%时，中国加工贸易企业出口上升 1.81%；出口需求的当期汇率弹性为– 0.11，说明当期人民币名义有效汇率升值 1%时，中国加工贸易企业出口会下降 0.11%，出口需求的长期汇率弹性为– 0.37，说明长期来看人民币名义有效汇率升值 1%时，中国加工贸易企业出口会下降 0.37%。对比模型 3 和模型 4 可以发现，和中国一般贸易企业出口需求类似，当用人民币名义有效汇率作为汇率的代理变量时，中国加工贸易企业出口的收入弹性更大；当用人民币实际有效汇率作为汇率的代理变量时，中国加工贸易企业出口的汇率弹性绝对值更大。

从上面的分析可以看出，不论是人民币实际有效汇率升值还是名义有效汇率升值，对中国一般贸易出口的影响都要大于对加工贸易出口的影响，说明中国加工贸易企业抵御人民币升值的能力和时间都要强于一般贸易企业，在短期内受到人民币汇率升值的影响更小（杨雪峰，2013）。而在 1995～2014 年的大部分时段，中国加工贸易占中国总出口的比重大于 45%，大于中国一般贸易出口占总出口的比重，这就从一个侧面解释了为什么中国出口在人民币升值时未受到较大冲击。但是值得注意的是，从 2009 年开始，中国一般贸易企业出口占比显著上升，加工贸易企业出口占比显著下降，截至 2013 年，中国加工贸易企业出口占比已经低于 40%。考虑到两类出口的汇率弹性存在较大差异及近两年人民币升值的背景，管理部门应合理控制人民币升值的幅度与速度，避免对中国出口造成较大负面冲击。

4.3.2.3　贸易国别出口需求的估计

表 4.5 列出了中国出口需求的国别估计结果，其中需要说明的是，我们根据美元兑人民币、美元兑日元、美元兑欧元、美元兑英镑和美元兑韩元的汇率得到日元、欧元、英镑和韩元兑人民币的汇率，即此时标价方式为直接标价法，数值上升表示人民币贬值。由于德国从 2002 年 3 月起终止马克流通，统一使用欧元，故计算中国对德国出口需求的时间段为 2002 年第二季度至 2014 年第二季度。从表 4.5 的结果可以看出，对于不同国家来说，中国出口需求的收入弹性都为正，出口需求的当期汇率弹性和长期汇率弹性都为正。对于中美双边贸易来说，中国出口需求的收入弹性为 6.43，出口需求当期汇率弹性为 0.41，出口需求长期汇率弹性为 1.36；对于中日双边贸易来说，中国出口需求的收入弹性为 13.99，出口需求当期汇率弹性为 0.11，出口需求长期汇率弹性为 0.35；对中德双边贸易来说，中国出口需求的收入弹性为 13.72，出口需求当期汇率弹性为 0.51，出口需求长期汇率弹性为 1.66；对于中英双边贸易来说，中国出口需求的收入弹性为 7.64，出口需求当期汇率弹性为 0.35，出口需求长期汇率弹性为 1.19；对于中韩双边贸易来说，中国出口需求的收入弹性为 4.25，出口需求当期汇率弹性为 0.17，出口需求长期汇率弹性为 0.58。

表 4.5　中国出口需求的国别估计结果

项目	美国	日本	德国	英国	韩国
收入弹性	6.43	13.99	13.72	7.64	4.25
t 值	（39.01）	（77.72）	（31.68）	（42.6）	（81.96）
当期汇率弹性	0.41	0.11	0.51	0.35	0.17
t 值	（7.43）	（4.25）	（9.05）	（8.28）	（8.91）
长期汇率弹性	1.36	0.35	1.66	1.19	0.58
t 值	（7.43）	（4.25）	（9.05）	（8.28）	（8.91）

注：美元兑人民币、美元兑日元、美元兑欧元、美元兑英镑和美元兑韩元的原始数据来自 EIU Countrydata 数据库，据此再得到日元兑人民币、欧元兑人民币、英镑兑人民币和韩元兑人民币的汇率

黄基伟和于中鑫（2011）在研究人民币汇率与中美贸易收支失衡时指出，影响中美贸易收支失衡的因素有很多，但是人民币汇率并不是其中的主要因素。中国向美国出口需求的收入弹性很大，且远大于出口的汇率弹性，在其他因素不变

的条件下，美国居民收入不断提高会导致中国向美国出口增加，加大中美贸易失衡。20 世纪 90 年代，美国信息技术高速发展，伴随着美国政府积极的财政政策和货币政策，美国经济出现了持续的繁荣，居民收入和消费都大幅增加；在 2007 年的次贷危机以前，美国房地产市场泡沫产生的财富倍增效应进一步刺激了美国居民的高消费及中国向美国的出口。另外，李富有和罗莹（2013）在研究人民币实际汇率变动对中日贸易的影响时也发现，伴随着中国经济飞速发展，国内对集成电路、半导体元件、电容器等高技术产品需求增长较快，而日本对这些高附加值产品的供应满足了中国的进口需求，而中国向日本出口的都是劳动密集型、低附加值的初级产品和工业制成品，如食品和纺织品。中国实际收入水平和日本实际收入水平的变动是影响中国向日本出口的主要因素，中国向日本出口需求的收入弹性大于出口需求的汇率弹性。这与本章的结论相符，即说明中国主要出口国实际 GDP 增长会促进中国对其出口，而人民币对各国本币贬值也会促进中国出口上升。进一步分析可以看出，对于不同国家来说，中国出口需求的收入弹性都远大于出口需求的汇率弹性，说明人民币汇率并不是影响中国出口波动的主要因素，主要出口国家的经济发展状况才是影响中国对外出口的主要因素。

4.4　本 章 小 结

本章主要研究人民币实际有效汇率和名义有效汇率对中国出口贸易的影响，首先回顾了人民币汇率制度变迁和人民币汇率水平变动路径；接着从实际汇率和名义汇率关系视角、贸易出口方式视角和贸易国别视角初步分析了汇率对中国出口贸易影响的渠道；最后使用多项式分布滞后模型具体分析了中国出口贸易对人民币汇率及中国主要贸易伙伴实际收入水平的弹性。通过分析本章得出以下几点结论。

第一，从总量上来看，中国出口贸易增长存在惯性，滞后一期的出口对本期出口存在显著正向影响；中国主要贸易伙伴实际 GDP 增长也能有效促进中国出口增加；不论是实际有效汇率升值还是名义有效汇率升值都会阻碍中国出口贸易增长，但是出口贸易的当期汇率弹性绝对值较小，长期汇率弹性绝对值较大，因此当期汇率升值时出口贸易一般不会立刻下降，但是长期来看，人民币汇率升值会使中国出口显著下降。

第二，在区分人民币汇率升值对加工贸易企业和一般贸易企业的影响之后我们发现，不论是人民币名义有效汇率升值还是实际有效汇率升值，其对一般贸易出口的影响都要大于对加工贸易出口的影响，说明中国加工贸易企业抵御人民币汇率升值的能力要强于一般贸易企业,在短期内受到人民币汇率升值的影响更小。考虑到从2009年开始，中国一般贸易企业出口占中国出口总额比重显著上升，管理部门应合理控制人民币汇率升值的幅度和速度，避免对中国出口造成较大负面冲击。

第三，在进一步区分贸易国别出口需求之后，我们发现对中国几个主要贸易伙伴国（地区）来说，中国出口需求的收入弹性都为正，出口需求的当期汇率弹性和长期汇率弹性都为负，但是这些弹性存在国（地区）别差异，而且中国出口需求的收入弹性大于出口需求的汇率弹性。

本章从多角度实证分析了人民币汇率水平变动对中国出口贸易的影响，从本章的研究结论来看，不论是从哪个角度分析，人民币实际有效汇率波动对中国出口贸易的影响要大于人民币名义有效汇率。但是在实际经济生活中，实际汇率往往不等于其均衡汇率，实际汇率处于均衡汇率水平很少发生。关于人民币汇率是否存在低估，以及低估的程度一直存在争议。为了进一步分析人民币汇率在高估阶段和低估阶段对我国出口贸易的影响，下一章将首先使用行为均衡汇率的方法计算人民币实际均衡汇率，然后分阶段分析人民币实际汇率错位对我国出口贸易的影响。

第 5 章　人民币汇率错位对中国出口贸易的影响

除了人民币汇率水平变动，人民币实际汇率错位也会对中国出口贸易造成影响。所谓人民币实际汇率错位，是指人民币的实际汇率偏离均衡汇率水平的状态。在间接标价法下，人民币汇率被低估是指人民币实际汇率低于均衡汇率水平，人民币汇率被高估是指人民币实际汇率高于均衡汇率水平。近年来，研究人民币汇率均衡水平的文献较多，其采用了不同方法分析人民币实际汇率对均衡汇率的偏离程度，部分文献还分析了人民币实际汇率错位的经济效应。本章将首先利用行为均衡汇率方法计算出人民币实际有效汇率的错位程度，然后分阶段具体考察在人民币实际汇率偏离均衡状态时，其对中国出口贸易的影响。

5.1　问题的提出

关于人民币汇率水平是否被低估的争论大部分时候是与中美贸易争端相联系的，美国政府和部分学者认为美国对中国之所以出现巨额贸易逆差，主要原因在于中国基于出口导向型增长模式，政府操纵了人民币汇率，刻意低估人民币币值。但是中国政府和部分学者认为中国并没有操纵人民币汇率，人民币汇率水平不存在被严重低估的情况，甚至在有些时间段人民币汇率存在被高估的情况，中美间巨额贸易不平衡的主要原因在于美国在高新技术产品方面对中国存在出口限制。

判断人民币汇率是否被低估首先需要计算出人民币实际均衡汇率，然后根据现实汇率水平判断人民币汇率是否处于均衡状态。国内外学者根据购买力平价方法、基本面均衡汇率（fundamental equilibrium exchange rate，FEER）方法和行为均衡汇率方法分别测算了人民币均衡汇率，得出的结果不尽相同。

使用 PPP 方法测算均衡汇率的优点是对数据要求低，简单易行。但是由于汇率指标、物价指标和基期选择不同，人们使用 PPP 方法得到的结论相差很大（窦祥胜和杨炘，2004；张志柏，2005）。由于 PPP 方法只考虑了两国相对物价水平，忽略了其他经济要素对汇率变化的影响，一般会高估汇率错位。对此，有些学者对 PPP 方法进行了扩展。有的研究基于巴拉萨-萨缪尔森效应引入了两国相对生产率（Frankel，2005；Coudert and Couharde，2007；杨长江和钟宁桦，2012）；

有的研究引入了贸易条件、贸易开放度、国外净资产等变量（王泽填和姚洋，2009）。

在使用 FEER 方法测算人民币汇率错位程度时，中外学者的结论存在差异，但是普遍认为人民币汇率在较长的时间内被低估，区别在于认定人民币汇率低估程度时存在一些分歧。You 和 Sarantis（2011）在使用 FEER 方法估算人民币对美元均衡汇率的同时引入了内生结构断点，他们发现在 1994～2003 年人民币对美元实际汇率被高估，这种现象在 1997 年亚洲金融危机期间和 2001 年中国加入 WTO 期间表现尤为突出；但是在 2004～2009 年人民币对美元实际汇率被低估，平均来说低估了 28%左右，其中在 2009 年人民币对美元实际汇率低估程度有所改善，低估程度为 16.8%。Coudert 和 Couharde（2007）在研究人民币实际汇率变动时发现巴拉萨-萨缪尔森效应在中国不成立，然后使用 FEER 方法估算了人民币实际汇率的均衡值，他们发现在 2002～2003 年人民币对美元实际汇率约被低估 21%，此外他们还发现人民币汇率错位对美元的有效均衡汇率影响不大，这说明即使重估人民币币值也很难改善美国巨额贸易赤字。王义中（2009）使用 FEER 方法测算了人民币实际有效汇率及其错位，结果发现在 1982～1986 年人民币实际有效汇率存在被高估的现象，在峰值时被高估了 60%左右；在 1992～2006 年人民币实际有效汇率存在被低估的现象，在峰值时被低估了 25%左右。邹宏元和李晓斌（2008）从分析中国基础经常项目和目标资本项目入手，使用 FEER 方法分析了人民币实际有效汇率的均衡水平及错位情况，结果发现在 2005 年人民币实际有效汇率被低估了 6%左右；同时他们也指出，随着国内外经济环境的变化，人民币实际有效汇率的均衡水平和错位程度也会发生变化。

使用 BEER 方法测算均衡汇率水平时需要选择合适的经济要素，McDonald（1998）认为影响均衡汇率水平的因素有国内非贸易品与贸易品的相对价格、贸易条件、国外净资产、国内外利差和本国对国外政府债务的相对供给。Hinkle 和 Montiel（1999b）认为在使用 BEER 方法测算均衡汇率水平时应该从供给角度、财政政策、国际经济环境和经济自由化政策四个方面来选择影响因素，如国内贸易品与非贸易品相对生产率变动、政府在贸易品和非贸易品上的相对支出、贸易条件、通货膨胀率、利率、出口补贴、关税和进口配额等。国内有很多学者使用 BEER 方法研究了人民币均衡汇率和人民币错位情况。施建淮和余海丰（2005）认为，在 1992～1994 年，人民币实际汇率被低估 20%左右，在 1995～1999 年人民币实际汇率被高估 13%左右，在 1999～2002 年人民币实际汇率被低估 4%左右，在 2002～2004 年人民币实际汇率被低估 10%左右。项后军和潘锡泉（2010）认为在 2008 年人民币实际有效汇率被高估 10%。张志柏（2012）研究发现，2007 年和 2008 年人民币实际有效汇率被高估了 10.8%和 2.9%，2009 年和 2010 年人民币实际有效汇率被低估了 4.7%和 12.2%。

5.2　均衡汇率水平的测算

目前常见的用于计算均衡汇率的方法主要有三种，即基于购买力平价的均衡汇率方法、基本面均衡汇率方法和行为均衡汇率方法。这里我们将简要介绍这三种方法的基本思路。

基于购买力平价计算均衡汇率是最简单、最常见的一种方法，但这种方法需要假设实际有效汇率数据是平稳的时间序列，然后再利用购买力平价的概念来计算均衡汇率，具体可分为基期法和均值-趋势法。利用基期法计算均衡汇率的思路是假定均衡汇率是平稳的时间序列，首先确定一个基期，假定此时的实际汇率处于均衡水平，然后观察剩下样本点对该均衡水平的偏离。在确定均衡水平的基期时，一般是根据经常项目余额、贸易条件、经济增长速度和通货膨胀率等指标来判断，如果相应经济指标处于合意水平，则此时的实际汇率可以确定为均衡汇率。使用均值-趋势法来计算均衡汇率水平是指不再假定均衡汇率水平固定不变，而是认为随着经济基本因素的变动，均衡汇率水平也会发生变化。此时可以使用样本区间内实际汇率水平的均值或趋势值来作为均衡汇率水平。

基于购买力平价法计算均衡汇率的优点是简单直接，但其也有一定缺陷。对该法的批评主要集中在其假设条件上，即使用购买力平价法计算均衡汇率水平时假设均衡汇率是平稳的时间序列，但这个假设往往不成立。特别是对于发展中国家来说，其贸易品生产部门与非贸易品部门的相对生产率往往会超过发达国家，根据巴拉萨-萨缪尔森假说，贸易品部门劳动生产率的快速上升往往会导致该国家物价水平上升和实际汇率升值。如果根据购买力平价法来计算均衡汇率，实际汇率的升值往往会被认为是高估了实际汇率水平。

FEER 最早是由英国经济学家 Williamson（1983）提出的，这种方法克服了购买力平价理论设定实际汇率固定不变的弊端，经过不断发展和完善，目前是发达国家计算均衡汇率实证研究中最具影响力的方法。基本面均衡汇率方法的经济逻辑是，均衡汇率水平应该使国家经济达到内部均衡和外部平衡，即对内应该在较低的通货膨胀水平下保持稳定的增长，对外应该将经常项目余额保持在合理的目标水平上。使用基本面均衡汇率方法计算均衡汇率水平时一般分为两个步骤：第一，要确定经常项目的目标水平；第二，要根据进出口贸易方程估算出实际有效汇率与经常项目余额之间的关系，然后按照实际有效汇率对经常项目余额的影响来动态调整汇率水平，以使经常项目余额向目标水平靠拢。

BEER 最早是由 Clark 和 Macdonald（1998）提出的，其主要思想是利用决定均衡汇率行为的因素来计算均衡汇率。因为长期均衡汇率取决于经济基本面及政策因素，它们同时也在影响实际汇率的变化，所以使用行为均衡汇率方法计算均衡汇率时首先要得到实际汇率水平与各经济基本面因素的计量模型，然后基于它们之间的关系使用基本面变量的长期均衡值来估算均衡汇率。具体来说，这种方法可以分为三个步骤：第一，要根据实际汇率的理论模型和具体国情确定决定实际汇率的经济变量，从前文的文献综述中我们可以发现，在这一步中不同学者选择的变量存在较大差异，决定发达国家和发展中国家实际汇率水平的变量也存在较大差异；第二，估算第一步中基本面变量与实际汇率之间的关系；第三，估算第一步中各变量的长期均衡值，然后根据第二步中得到的变量间的关系核算均衡汇率。从行为均衡汇率的计算步骤我们可以看出，这种方法属于单方程估计方法，对数据要求不高，实证研究的工作量相对较少。目前大部分研究人民币均衡汇率水平的实证文献采用的都是这种方法，因此本章将使用行为均衡汇率方法测算人民币实际有效汇率的均衡水平及错位程度。

在得到均衡汇率之后便能计算出实际汇率错位的程度，具体来说，假设实际汇率和当期均衡汇率（current equilibrium real exchange rate）可以分别表示为

$$q_t = \beta_1' Z_{1t} + \cdots + \beta_n' Z_{nt} + \tau' T_t + \varepsilon_t \tag{5.1}$$

$$q_t' = \beta_1' Z_{1t} + \cdots + \beta_n' Z_{nt} \tag{5.2}$$

式中，q_t 为实际汇率的观测值；q_t' 为当期均衡汇率；Z_{1t}，…，Z_{nt} 为影响实际汇率的基本经济因素变量；T_t 为影响实际汇率的短期因素向量；ε_t 为随机扰动项。此时实际汇率与当期均衡汇率之差就表示当期实际汇率错位，如果把当期实际汇率错位记为 miscur，则

$$\text{miscur} = q_t - q_t' = \tau' T_t + \varepsilon_t \tag{5.3}$$

如果基本经济因素变量当期值偏离了其长期均衡水平，则此时产生的实际汇率错位为长期实际汇率错位，如果把长期实际汇率错位记为 misper，则

$$\text{misper} = q_t - \beta_1' X_{1t} - \beta_2' X_{2t} \tag{5.4}$$

式中，X_{1t} 和 X_{2t} 分别为基本经济因素变量的长期均衡值。

5.3　人民币均衡汇率及错位的测算

5.3.1　变量的选取

使用行为均衡汇率方法计算均衡汇率时，最重要的步骤是要选择影响实际汇

率的主要经济变量，如果选择的变量不同，得到的实际均衡汇率水平往往存在较大差异。Edwards（1989）首次以发展中国家为研究对象建立了均衡汇率模型，具体来说，Edwards 建立了一个小型开放经济跨期一般均衡模型，厂商生产两种产品，即贸易品和非贸易品。当非贸易品市场出清说明达到了内部均衡，当经常账户余额的贴现为零说明达到了外部均衡，而内外均衡共同确定了唯一的均衡汇率。在确定影响实际汇率的经济变量时，Edwards 去除了名义汇率的波动，以及货币政策和财政政策对经济基本面变量的影响。在对 33 个发展中国家进行的实证研究中，Edwards 确定的影响实际均衡汇率的因素有贸易条件、政府对非贸易品的购买、国家对资本流动的管制、国家对贸易的限制、技术进步、投资率、国内信贷超额供给和财政赤字与基础货币供给的比例。

国内学者以 Edwards 模型为基础研究人民币均衡汇率时发现，很多变量不显著（林伯强，2002；储幼阳，2004；马国轩和于润，2013），因此我们参照国内有关均衡汇率的研究（张斌，2003；施建淮和余海丰，2005），首先使用协整方法对 Edwards 提出的影响因素进行尝试并逐一筛选，然后根据数据可得性最终选取了如下五个影响人民币均衡汇率的变量：贸易部门生产力发展水平、贸易开放度、政府购买占 GDP 比重、贸易条件和货币供应量。

（1）贸易部门生产力发展水平。根据巴拉萨-萨缪尔森假说，贸易部门生产力水平相对于非贸易部门生产力水平的提高会导致非贸易品部门实际工资上升，并进一步导致整体物价水平的上升，从而促使实际汇率升值。在以往的研究中，不同学者关于贸易品部门和非贸易品部门的划分存在争议，鉴于数据可得性，参考一般研究文献，采用人均实际 GDP 作为贸易部门生产力发展水平的代理变量，记为 rgdp。

（2）贸易开放度。对于发展中国家来说，在其经济起飞阶段贸易开放度较低，而且往往缺乏先进的技术和生产设备，为了进口相应的技术与设备，管理部门常常会通过高估本币币值和限制普通商品的进口来增加外汇储备；当经济发展到一定程度时，国家贸易开放度也随之提高，为了刺激出口增长，管理部门又会通过低估本币币值来实现政策目标。从相应实证文献来看，一国贸易开放度一般与实际汇率变动呈负相关。在本章，我们用进出口总额与 GDP 比值作为贸易开放度的代理变量，记为 open。

（3）政府购买占 GDP 比重。政府购买占 GDP 比重提高意味着对非贸易品消费增加，促使非贸易品相对价格上升，实际汇率升值。我们用政府财政支出作为政府购买的代理变量，政府购买在 GDP 中的比重记为 governc。

（4）贸易条件。贸易条件是指出口商品价格指数与进口商品价格指数的比值，根据标准的国际经济学理论，一国贸易条件改善往往伴随着本币升值；一国贸易条件恶化往往伴随着本币贬值。但施建淮和余海丰（2005）认为，贸易条件变动对本币币值的影响比较复杂，一般可以分为"收入效应"和"替代效应"。所谓收入效应，是指当出口商品价格指数相对进口商品价格指数上升时，本国居民实际收入增加，对非贸易品的消费需求增加，这导致非贸易品相对价格和整体价格水平上升，本币升值；所谓替代效应，是指当进口商品相对价格下降时，本国居民会增加对进口商品的消费，此时国内整体价格水平会下降，本币贬值。因此贸易条件改善时，实际汇率是升值还是贬值取决于两种效应的净效果，事先无法确定。我们用出口价格指数与进口价格指数之比作为贸易条件的代理变量①，记为tot。

（5）货币供应量。一国货币供给水平是影响本币币值的重要因素，一般来说，实施扩张型货币政策会导致本国通货膨胀率攀升，出口下降，进口上升，经常项目余额恶化，为了重新达到外部均衡，货币当局常常会压低本币汇率；反之，在实施紧缩型货币政策时，本币又会升值。由此可以看出，一国货币政策一般与本币币值呈负相关。在本章，我们用广义货币供给作为货币供给的代理变量，记为M_2。

我们用人民币实际有效汇率指数作为人民币实际汇率的代理变量，记为reer。

此时，人民币均衡汇率的理论模型可以表述为

$$\text{reer} = f(\overset{+}{\text{rgdp}}, \overset{-}{\text{open}}, \overset{+}{\text{governc}}, \overset{?}{\text{tot}}, \overset{-}{M_2}) \tag{5.5}$$

式中，各变量上方的正负号表示各变量一阶偏导的符号，表示该变量上升时人民币实际汇率的变动方向，问号表示该变量与人民币实际汇率间的关系暂时无法确定。

5.3.2　变量处理及单位根检验

本章选取的解释变量及人民币实际有效汇率原始数据来自中经网统计数据库和EIU Countrydata数据库，时间区间为1994年第一季度至2014年第二季度。从样本数据来看，governc和open存在季节波动，故对其使用HP滤波调整。为消除异方差，对各变量取自然对数，分别记为lnreer、lnrgdp、lnopen、lngovernc、lntot和$\ln M_2$。

在判断各变量是否存在协整关系之前，首先使用ADF单位根检验判断数据平稳性，检验结果如表5.1所示。在1%的显著性水平下，序列lnreer、lntot和$\ln M_2$是一阶单整的；在5%的显著性水平下，序列lngovernc是一阶单整的；在10%的显著性水平下，lnopen和lnrgdp是一阶单整的，因此可对序列做协整检验。

① EIU Countrydata数据库给出了中国进出口价格指数的年度数据，以2005年为基期。本书使用quadratic-match average（二次匹配平均）方法把年度数据转化为季度数据。

表 5.1　ADF 单位根检验结果

变量	检验类型（C，T，L）	ADF 统计量	p 值	变量	检验类型（C，T，L）	ADF 统计量	p 值
lnreer	（C，0，1）	−2.31	0.42	lnrgdp	（C，T，4）	−2.11	0.53
*D*lnreer	（0，0，3）	−6.89***	0.00	*D*lnrgdp	（C，0，3）	−2.67*	0.09
lnopen	（C，T，2）	−2.41	0.37	lngovernc	（C，T，5）	−1.79	0.56
*D*lnopen	（C，0，6）	−3.17*	0.08	*D*lngovernc	（C，0，1）	−3.69**	0.04
lntot	（C，T，2）	−1.97	0.29	lnM_2	（C，T，1）	−3.06	0.12
*D*lntot	（C，0，3）	−5.23***	0.00	*D*lnM_2	（C，0，1）	−6.12***	0.00

***，**和*分别表示在 1%，5%和 10%的显著性水平下显著

注：①检验类型中的 C，T，L 分别表示序列的截距项、趋势项和滞后项；② *D*lnreer 表示 lnreer 的一阶差分序列，其余变量名表示类似含义

5.3.3　人民币均衡汇率及错位

本章将使用 Johansen 极大似然估计法寻找基本经济变量与人民币实际有效汇率的协整关系，Johansen 极大似然估计法原理详见 Johansen 和 Juselius（1990）、Johansen（1991）及 Johansen（1995）。

使用 Johansen 协整检验计算人民币实际汇率与各变量协整关系的结果如表 5.2 所示，说明各变量间存在协整关系。表 5.3 中列出了标准化的协整系数，此时人民币实际有效汇率的协整方程可以写成如式（5.6）所示的形式。根据式（5.6）给出的结果我们可以看出，政府购买占 GDP 比重和劳动生产率与人民币实际有效汇率正相关，政府购买占比和劳动生产率提高会使人民币实际汇率升值；货币供给和贸易开放度与人民币实际有效汇率负相关，货币供给增加和贸易开放度提高会使人民币实际有效汇率贬值；贸易条件改善会使人民币实际有效汇率贬值，这说明对于人民币汇率来说，贸易条件改善产生的替代效应要大于其收入效应。

表 5.2　Johansen 协整检验结果

原假设	特征值	最大特征值统计量	5%显著性水平临界值	p 值
None*	0.847 084	148.3516	40.077 57	0.0001
At most 1*	0.495 600	54.066 41	33.876 87	0.0001
At most 2*	0.377 289	37.420 13	27.584 34	0.0020
At most 3	0.228 893	20.534 32	21.131 62	0.0604
At most 4	0.163 538	14.107 34	14.264 60	0.0529
At most 5*	0.068 562	5.611 003	3.841 466	0.0178

*表示在 5%的显著性水平下拒绝原假设

表 5.3　标准化的协整系数

lnreer	lngovernc	$\ln M_2$	lnopen	lnrgdp	lntot	C
1.000 000	– 1.361 099	0.411 289	0.088 538	– 0.516 326	0.238 139	– 12.110 24
	（0.279 64）	（0.146 35）	（0.087 87）	（0.343 61）	（0.093 30）	（1.735 36）

注：括号中为标准差

$$\begin{aligned}\text{lnreer} &= 1.36\text{lngovernc} - 0.41\ln M_2 - 0.09\text{lnopen} \\ &+0.52\text{lnrgdp} - 0.24\text{lntot} + 12.11\end{aligned} \tag{5.6}$$

根据 Engle 和 Granger（1987）的协整理论，如果变量之间存在协整关系，那么就存在一个误差修正模型来表示被解释变量向长期均衡水平动态调整的过程。本章主要是研究人民币实际有效汇率错位对中国出口贸易的影响，因此在得到人民币实际有效汇率的协整方程后，没有进一步建立相应的误差修正模型。

根据行为均衡理论，均衡汇率可以分为当期均衡汇率和长期均衡汇率。所谓当期均衡汇率是指将经济基本面变量的当期值代入协整方程式（5.6）得到的人民币均衡汇率，而长期均衡汇率是指将各基本经济变量的长期趋势值代入协整方程式（5.6）得到的人民币均衡汇率。为了得到序列 lnrgdp 、lnopen 、lngovernc 、lntot 和 $\ln M_2$ 的长期趋势值，我们使用 HP 滤波方法去除掉各序列的波动成分进而得到对应的趋势值，代入式（5.6）就得到了人民币长期均衡汇率。图 5.1 列出了人民币实际有效汇率、人民币当期均衡汇率和人民币长期均衡汇率。

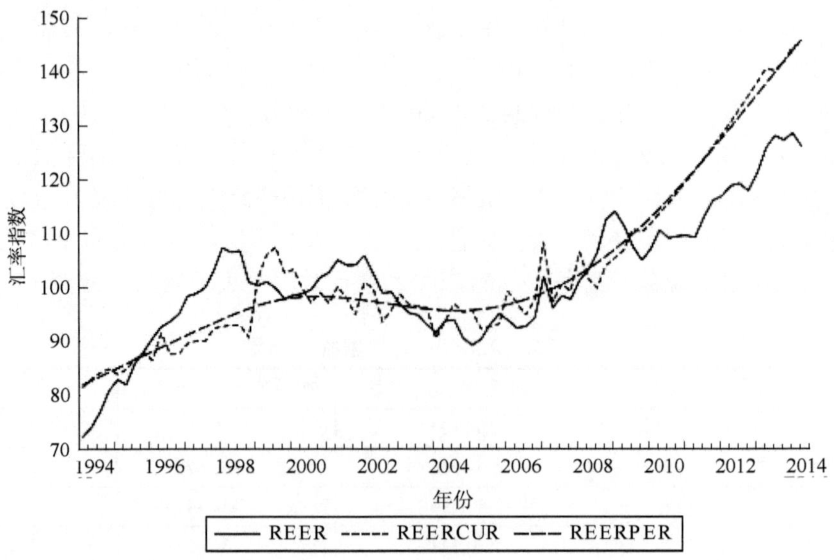

图 5.1　人民币实际有效汇率、人民币当期均衡汇率和人民币长期均衡汇率

由人民币实际有效汇率、人民币当期均衡汇率和人民币长期均衡汇率，我们

可以测算出人民币当期实际汇率错位和人民币长期实际汇率错位，分别记为 curmis 和 permis。具体的计算公式如式（5.7）和式（5.8）所示，在图 5.2 中也展示了在 1994 年第一季度至 2014 年第二季度人民币当期实际有效汇率错位和人民币长期实际有效汇率错位的情况。对于人民币当期实际有效汇率错位来说，这种错位主要是由短期波动因素和随机扰动因素造成的；对人民币长期实际有效汇率错位来说，这种错位主要是由经济基本面变量偏离其均衡水平造成的。下面在讨论人民币汇率错位对中国贸易出口的影响时，都将以人民币长期实际汇率错位展开。

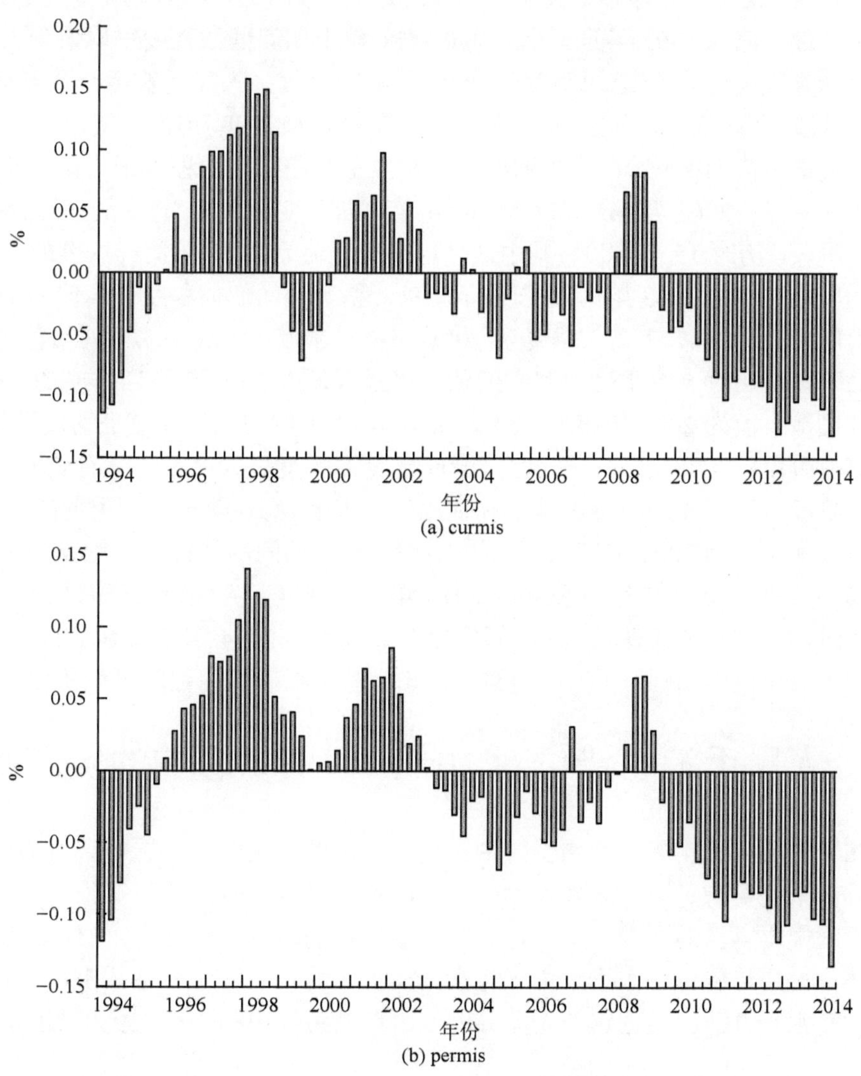

图 5.2　人民币当期实际汇率错位和人民币长期实际汇率错位

$$\text{curmis} = \frac{\text{reer} - \text{reercur}}{\text{reercur}} \times 100\% \tag{5.7}$$

$$\text{permis} = \frac{\text{reer} - \text{reerper}}{\text{reerper}} \times 100\% \tag{5.8}$$

由式（5.8）测算可知，在 1994 年第一季度至 2014 年第二季度，人民币实际有效汇率错位状况大致经历了六个阶段①。

第一阶段：1994 年第一季度至 1995 年第三季度，人民币实际有效汇率处于被低估阶段，历时 7 个季度。其中低估程度最大值为 1994 年第一季度的 11.87%，低估程度最小值为 1995 年第三季度的 0.94%，整个期间低估程度平均值为 5.99%。

第二阶段：1995 年第四季度至 2003 年第一季度，人民币实际有效汇率处于被高估阶段，历时 30 个季度。其中高估程度最大值为 1998 年第一季度的 14.05%，高估程度最小值为 1999 年第四季度的 0.05%，整个期间高估程度平均值为 5.15%。

第三阶段：2003 年第二季度至 2006 年第四季度，人民币实际有效汇率处于被低估阶段，历时 15 个季度。其中低估程度最大值为 2005 年第一季度的 6.86%，低估程度最小值为 2003 年第二季度的 1.19%，整个期间低估程度平均值为 3.59%。

第四阶段：2007 年第二季度至 2008 年第二季度，人民币实际有效汇率处于被低估阶段，历时 5 个季度。其中低估程度最大值为 2007 年第四季度的 3.61%，低估程度最小值为 2008 年第二季度的 0.16%，整个期间低估程度平均值为 2.1%。

第五阶段：2008 年第三季度至 2009 年第二季度，人民币实际有效汇率处于被高估阶段，历时 4 个季度。其中高估程度最大值为 2009 年第一季度的 6.61%，高估程度最小值为 2008 年第三季度的 1.86%，整个期间高估程度平均值为 4.45%。

第六阶段：2009 年第三季度至 2014 年第二季度，人民币实际有效汇率处于被低估阶段，历时 20 个季度。其中低估程度最大值为 2014 年第二季度的 13.54%，低估程度最小值为 2009 年第三季度的 2.16%，整个期间低估程度平均值为 8.29%。

5.4　人民币汇率错位对中国出口贸易影响的实证研究

在研究人民币实际汇率错位对中国出口贸易的影响时，要选择合适的样本区间。具体来说要满足两个条件：第一，实际汇率错位的时间要足够长，以满足计量分析对样本容量的要求；第二，实际汇率错位的幅度要足够大，对出口贸易影响显著。如果错位幅度太小，由于存在均衡汇率的误差修正模型，出口贸易会自动向均衡水平调节。根据这两个条件并结合前文总结出的六个人民币实际汇率错

① 2007 年第一季度人民币实际有效汇率被高估 3.07%，而在此之前和之后人民币实际有效汇率都被低估，因此在划分人民币实际有效汇率错位阶段时将 2007 年第一季度剔除。

位阶段，我们分别选取了 1995 年第四季度至 2003 年第一季度和 2009 年第三季度至 2014 年第二季度来研究人民币实际汇率被高估和被低估对中国出口贸易的影响。

在研究人民币实际汇率错位的经济效应时，李广众和 Voon（2004）、吴丽华和王锋（2006）认为应该使用实际汇率错位的绝对值作为汇率错位的代理变量，这样可以降低在将实际汇率和实际汇率错位纳入计量模型时出现的多重共线性，且能方便取对数以进行进一步分析。因此我们在下面分析人民币实际有效汇率错位时，将采用实际有效汇率错位的绝对值（ misabs ）作为汇率错位的代理变量，即 $\text{misabs} = |\text{reer} - \text{reerper}|$ 。

5.4.1　人民币汇率被高估对出口贸易的影响

1995 年第四季度至 2003 年第一季度，人民币实际有效汇率错位的最大值为 14.05%，发生在 1998 年第一季度；最小值为 0.05%，发生在 1999 年第四季度。而中国出口月度同比增长率在 1998 年第一季度分别为–17.3%、–9.7%和 4.3%，在 1999 年第四季度分别为 23.8%、28.8%和 2.1%。由此可见，人民币实际有效汇率高估对中国出口增长似乎有比较明显的抑制作用。为了更为准确地度量人民币实际有效汇率高估与中国出口间的关系，我们将对相应变量进行协整检验。

根据 Reinhart（1995）的研究，在对出口需求进行实证分析时一般标准形式为

$$X^d = (Y^*, P_x, P_x^*, E)$$

式中，X^d 为实际出口需求；Y^* 为出口目的国（地区）实际 GDP；P_x 为本国出口商品价格；P_x^* 为出口目的国（地区）商品价格；E 为名义汇率。如果使用实际汇率代替名义汇率，则出口需求方程可进一步简化为

$$X^d = f(Y^*, e)$$

因为我们的重点是考察人民币实际有效汇率错位对出口的影响，所以可将中国出口需求方程表示为

$$X^d = f(Y^*, e, \text{misabs})$$

为了消除可能存在的异方差，我们对出口实际值、出口目的国（地区）实际 GDP[①]、人民币实际有效汇率和人民币实际有效汇率错位的变量值取对数，分别记为 lnex 、 $\ln Y^*$ 、 lnreer 和 lnmisabs 。[②]在进行协整检验之前，首先使用 ADF 检

① 根据中国大陆十大贸易伙伴，我们选择了德国、法国、英国、意大利、西班牙、美国、日本、印度尼西亚、泰国、马来西亚、新加坡、菲律宾、中国香港、韩国、中国台湾、澳大利亚、俄罗斯和印度这 18 个国家（地区）作为中国大陆出口的样本国家（地区），将它们的实际 GDP 加权平均即得到序列 Y^*，权重为中国大陆对该国（地区）出口额除以中国大陆总出口额。

② 在取对数之前，我们使用 HP 滤波对 ex 和 Y^*进行了季节调整。

验判断各变量的平稳性，结果如表 5.4 所示。在 1%的显著性水平下，lnex 、lnreer 和 lnmisabs 是一阶单整的；在 5%的显著性水平下，$\ln Y^*$ 是一阶单整的，因此可对各序列做协整检验。

表 5.4 ADF 单位根检验结果

变量	检验类型（C，T，L）	ADF 统计量	p 值	变量	检验类型（C，T，L）	ADF 统计量	p 值
lnesx	（C，T，3）	−2.13	0.2333	$\ln Y^*$	（C，T，6）	−2.57	0.1164
Dlnex	（C，0，6）	-8.71^{***}	0.0000	$D\ln Y^*$	（C，0，5）	-3.23^{**}	0.0309
lnreer	（C，T，1）	−1.71	0.7215	lnmisabs	（C，T，0）	−2.35	0.3927
Dlnreer	（C，0，6）	-3.74^{***}	0.0097	Dlnmisabs	（C，0，0）	-5.79^{***}	0.0001

***，**，*分别表示在 1%、5%和 10%的显著性水平下显著

注：①检验类型中的 C，T，L 分别表示序列的截距项、趋势项和滞后项；② Dlnex 表示 lnex 的一阶差分序列，其余变量名表示类似含义

使用 Johansen 极大似然估计法判断 lnex 、$\ln Y^*$ 、lnreer 和 lnmisabs 间的协整关系，具体检验结果如表 5.5 所示，各变量间存在协整关系。表 5.6 中列出了标准化的协整系数，此时出口的协整方程可以表示为式（5.9）。由式（5.9）可以看出，中国贸易伙伴国（地区）加权实际 GDP 上升 1%时，中国出口会增加 2.75%；人民币实际有效汇率上升 1%时，中国出口会下降 0.91%；人民币实际有效汇率高估水平上升 1%时，中国出口会下降 0.09%，说明人民币实际有效汇率高估确实会影响中国出口贸易的增加。

表 5.5 Johansen 协整检验结果

原假设	特征值	最大特征值统计量	5%显著性水平临界值	p 值
None*	0.798 012	43.187 76	24.159 21	0.0001
At most 1*	0.613 843	25.690 78	17.797 30	0.0027
At most 2*	0.580 580	23.459 82	11.224 80	0.0002
At most 3	0.117 139	3.363 877	4.129 906	0.0790

*表示在 5%的显著性水平下拒绝原假设

表 5.6 标准化的协整系数

lnex	$\ln Y^*$	lnreer	lnmisabs	C
1.000000	−2.751 286	0.906 126	0.088 74	−25.8455
—	（0.064 17）	（0.111 85）	（0.0231）	（8.922 68）

Y^*为出口目的国（地区）实际 GDP

注：括号中数字为标准差

$$\ln ex = 2.75\ln Y^* - 0.91\ln reer - 0.09\ln misabs + 25.85 \tag{5.9}$$

5.4.2　人民币汇率低估对出口贸易的影响

2009 年第三季度至 2014 年第二季度人民币实际有效汇率出现了被低估的情况，其中错位最大值为 13.54%，出现在 2014 年第二季度；错位最小值为 2.16%，出现在 2009 年第三季度。在 2014 年第二季度中国出口月度同比增长率分别为 0.9%、7%、7.2%，在 2009 年第三季度中国出口月度同比增长率分别为–23%、–23.4%和–15.2%。考虑到在 2007～2009 年发生了全球金融危机，2009 年第三季度中国出口月度同比增长率大幅下滑应该与外部经济环境有关。对比 2014 年第二季度人民币实际有效汇率错位与出口月度同比增长率的数据，我们发现人民币实际汇率的低估似乎对促进贸易出口的作用有限。

下面我们还是使用 Johansen 协整检验来判断在 2009 年第三季度至 2014 年第二季度人民币实际有效汇率低估对中国出口的影响。首先使用 ADF 检验判断各变量的平稳性，结果如表 5.7 所示。在 5%的显著性水平下，lnex 、lnreer 和 lnmisabs 为一阶单整序列，在 10%的显著性水平下，$\ln Y^*$ 是一阶单整的，因此可对各序列做协整检验。

表 5.7　ADF 单位根检验结果

变量	检验类型（C，T，L）	ADF 统计量	p 值	变量	检验类型（C，T，L）	ADF 统计量	p 值
lnex	（C，T，4）	–2.79	0.3657	$\ln Y^*$	（C，T，3）	–1.06	0.9033
*D*lnex	（C，0，4）	–3.38**	0.0176	$D\ln Y^*$	（C，0，5）	–3.43*	0.0783
lnreer	（C，T，4）	–2.72	0.2432	lnmisabs	（C，T，4）	–2.95	0.1748
*D*lnreer	（C，0，6）	–3.53**	0.0221	*D*lnmisabs	（C，0，0）	–3.54**	0.0217

**，*分别表示在 5%和 10%的显著性水平下显著

注：①检验类型中的 C，T，L 分别表示序列的截距项、趋势项和滞后项；② *D*lnex 表示 lnex 的一阶差分序列，其余变量名表示类似含义

使用 Johansen 极大似然估计法判断 lnex 、$\ln Y^*$ 、lnreer 和 lnmisabs 间的协整关系，具体检验结果如表 5.8 所示，各变量间存在协整关系。表 5.9 中列出了标准化的协整系数，此时出口的协整方程可以表示为式（5.10）。由式（5.10）可以看出，中国贸易伙伴国（地区）加权实际 GDP 上升 1%时，中国出口会增加 2.11%；人民币实际有效汇率上升 1%时，中国出口会下降 1.06%；人民币实际有效汇率被低估水平上升 1%时，中国出口会上升 0.1%，说明人民币实际有效汇率被低估确

实会在一定程度上促进中国出口额的增加。

表 5.8 Johansen 协整检验结果

原假设	特征值	最大特征值统计量	5%显著性水平临界值	p 值
None*	0.997 635	108.8464	28.588 08	0.0000
At most 1*	0.922 569	46.050 61	22.299 62	0.0000
At most 2*	0.745 490	24.631 50	15.892 10	0.0017
At most 3	0.174 270	3.446 774	9.164 546	0.5007

*表示在 5%的显著性水平下拒绝原假设

表 5.9 标准化协整系数

lnex	$\ln Y^*$	lnreer	lnmisabs	C
1.000000	−2.111 810	1.055 694	− 0.102 024	− 17.857
—	（0.118532）	（0.233 01）	（0.017 56）	（0.934 15）

Y^*为出口目的国（地区）实际 GDP

注：括号中数字为标准差

$$\text{lnex} = 2.11\ln Y^* - 1.06\text{lnreer} + 0.1\text{lnmisabs} + 17.86 \tag{5.10}$$

5.5 本 章 小 结

本章首先简要介绍了常用的几种计算均衡汇率的方法，并使用行为均衡汇率法测算了人民币实际有效汇率的均衡水平及错位程度。基于测算出来的人民币实际均衡汇率错位水平，进一步研究了人民币实际有效汇率错位对中国出口贸易的影响。本章的主要结论可归纳为如下几点。

第一，在使用行为均衡汇率法测算人民币实际有效汇率均衡水平及其错位程度后我们发现，在 1994 年第一季度至 2014 年第二季度，人民币实际有效汇率错位状况可以被分为六个阶段，其中存在四个明显的被低估阶段和两个明显的被高估阶段。四个被低估阶段分别为 1994 年第一季度至 1995 年第三季度，低估程度平均值为 5.99%；2003 年第二季度至 2006 年第四季度，低估平均值为 3.59%；2007 年第二季度至 2008 年第二季度，低估平均值为 2.1%；2009 年第三季度至 2014 年第二季度，低估平均值为 8.29%。两个被高估阶段分别为 1995 年第四季度至 2003 年第一季度，高估平均值为 5.15%；2008 年第三季度至 2009 年第二季度，高估平均值为 4.45%。

第二，在人民币实际有效汇率被高估阶段（1995 年第四季度至 2003 年第一季度），中国贸易伙伴国（地区）加权实际 GDP 上升 1%时，中国出口会增加 2.75%；

人民币实际有效汇率上升 1%时，中国出口会下降 0.91%；人民币实际有效汇率被高估水平上升 1%时，中国出口会下降 0.09%，说明人民币实际有效汇率高估确实会影响中国出口额的增加。

第三，在人民币实际有效汇率低估阶段（2009 年第三季度至 2014 年第二季度），中国贸易伙伴加权实际 GDP 上升 1%时，中国出口会增加 2.11%；人民币实际有效汇率上升 1%时，中国出口会下降 1.06%；人民币实际有效汇率被低估水平上升 1%时，中国出口会增加 0.1%，说明人民币实际有效汇率被低估确实会在一定程度上促进中国出口额的增加。

由此可以看出，在 1994 年第一季度至 2014 年第二季度人民币实际有效汇率围绕均衡汇率水平波动，有被高估阶段，也有被低估阶段，不存在刻意控制人民币实际汇率低于均衡水平的情况。不论是在被高估阶段还是被低估阶段，人民币实际汇率升值都会使出口下降，使进口增加，这与第 4 章得到的主要结论基本一致；但是，在人民币实际汇率被高估阶段中国出口贸易汇率弹性的绝对值更小。此外，在区分了人民币实际汇率被高估阶段和被低估阶段之后我们发现：在人民币实际汇率被低估阶段，实际汇率错位对出口贸易影响为正；在人民币实际汇率被高估阶段，实际汇率错位对出口贸易影响为负。这与之前部分学者笼统地认为人民币汇率错位会对中国出口贸易产生负面影响（吴丽华和王锋，2006；孟猛和郑昭阳，2008）的结论存在差异。

既然人民币汇率错位在不同阶段对中国出口贸易的影响的方向和程度存在差异，那么一个自然的问题就是随着银行间即期外汇市场人民币兑美元交易价浮动幅度的不断扩大，人民币汇率波动对中国出口贸易有何影响，因为在不同的阶段，汇率风险对出口厂商行为的影响应该是存在差异的。在下一章，本书将从人民币汇率波动率（即汇率风险）的角度考察其对中国出口贸易的影响。从理论上来说，即使面对相同的汇率平均水平，如果汇率波动率存在较大差异，相当于出口厂商面对的汇率风险不同，此时其要求的风险溢价和出口行为会存在差异。在人民币汇率形成机制改革中，人民币汇率弹性区间不断扩大，这对中国出口贸易的影响需要通过进一步的实证分析来判断。

第 6 章　人民币汇率波动率对中国出口贸易的影响

就汇率对出口贸易的影响来说，除了汇率水平值会影响出口贸易，汇率的波动也会对出口产生重要影响。面对相同的汇率水平均值，汇率波动幅度的差异会影响进出口厂商的预期，进而影响其贸易行为。自 2010 年 6 月 19 日，中国人民银行宣布“根据国内外经济金融形势和中国国际收支状况，进一步推进人民币汇率形成机制改革，增强人民币汇率弹性”以来，人民币对美元中间价双向波动明显增强。2012 年 4 月 12 日，中国人民银行网站发布公告，自 2012 年 4 月 16 日起，银行间即期外汇市场人民币兑美元交易价浮动幅度由 5‰扩大至 1%，2014 年 3 月 14 日，中国人民银行网站又发布公告，自 2014 年 3 月 17 日起，银行间即期外汇市场人民币兑美元交易价浮动幅度由 1%扩大至 2%。就中国而言，出口贸易始终是中国经济快速增长的重要因素之一，日趋扩大的人民币汇率波动幅度对中国出口有何影响，强度如何？这些都是值得深入探讨的问题。此外，在经济全球化过程中，外部冲击对中国出口贸易的影响也与日俱增。因此，本章将首先研究人民币实际有效汇率波动幅度变化对中国出口贸易的影响，然后再进一步综合考察人民币实际有效汇率波动及外部冲击对中国出口贸易的影响。

6.1　问题的提出

理论上，汇率波动幅度对出口的影响尚无定论，有学者认为假设出口厂商是风险厌恶企业，且风险厌恶系数为常数时，汇率波动会增加厂商的风险和成本，为了规避风险，厂商会减少出口（Ethier，1973；Hooper and Kohlhagen，1978；Abrams，1980）；也有学者认为出口贸易行为往往签订合同在前，支付货款在后，如果将出口贸易看作是一种期权行为，则汇率波动上升带来的风险增加会使厂商要求相应的风险升水，此时汇率波动会增加出口（Sercu and Vanhulle，1992；Mckenzie，1999）；还有些学者认为，汇率风险对出口贸易的影响存在两种效应，即收入效应和替代效应：所谓收入效应是指当汇率波动幅度加大，汇率风险上升时，出口厂商预期其出口收入会下降，为了弥补收入下降厂商会增加出口；所谓替代效应是指汇率波动降低了厂商从事风险活动的动机，从而减少出口。汇率波动对出口影响的净效应取决于收入效应和替代效应的共同作用。从实证文献来看，汇率波动对出口的影响也存在差异，综述性论文 Cote（1994）、McKenzie（1999）、Clark 等（2004）回顾了相应的实证文献，结论都是混合的，并未给出一致性答案。

国内研究人民币汇率波动对中国出口贸易影响的论文不多。陈平和熊欣（2002）使用 1991～1995 年中国 22 个主要贸易伙伴的截面数据建立贸易引力模型，研究人民币名义汇率波动率对中国出口的影响，结果发现人民币汇率波动率上升会显著降低中国出口，最高可达 50%。李广众和 Voon（2004）对中国出口商品进行了分类，而且对出口目的国进行了区分，结果发现人民币汇率波动对中国出口贸易的影响会随出口行业及出口目的国的改变而发生变化。余珊萍（2005）使用贸易引力模型对 2000～2003 年中国大陆主要贸易伙伴的面板数据进行了计量分析，结果发现人民币名义汇率波动率总体上对中国出口影响并不显著。潘红宇（2007）研究了人民币汇率波动率对中国向美国、欧盟和日本出口的影响，研究表明，长期来看，人民币汇率波动率会影响中国向美国和欧盟的出口，不会影响中国向日本的出口；短期来看，人民币汇率波动率只影响中国向美国的出口，对向欧盟和日本出口没有影响。陈六傅等（2007）对出口企业进行了分类，并分短期阶段和长期阶段研究了人民币汇率波动对出口企业的影响，结果发现对于两类企业来说人民币汇率波动率会对其产生正向影响，但是对其余出口企业会产生负向影响。戴翔和张二震（2011）利用 2007～2010 年的面板数据研究了汇率波动率对出口绩效的影响，结果发现汇率波动指数对出口绩效存在显著负面冲击，汇率波动加剧会导致出口绩效下降。综合这些文献可以看出当出口目的国、出口行业、出口企业和研究时期发生变化时，人民币汇率波动对中国出口贸易影响的方向和强度都在发生变化。

本章将在已有研究的基础上进一步讨论人民币汇率波动幅度对中国出口贸易的影响，具体将从下面三个方面展开：①鉴于以往在线性假设条件下得到的有关人民币汇率波动对中国出口影响的研究结果不尽相同，本章使用非线性平滑转换回归模型（smoothing transition regression，STR）进行相关研究，揭示人民币汇率波动与中国出口间可能存在的非线性关系；②在考虑人民币汇率波动的基础上，将石油价格冲击引入模型，分析油价冲击对中国出口的影响；③使用非线性 Granger 因果检验进一步确认人民币汇率波动和石油价格对中国出口的非线性影响。

6.2　模型与方法

6.2.1　模型设定

根据 Reinhart（1995）的研究，在对出口需求进行实证分析时的一般标准形式为

$$X^d = (Y^*, P_x, P_x^*, E)$$

式中，X^d 为出口需求；Y^* 为出口目的国实际 GDP；P_x 为本国出口商品价格；P_x^* 为出口目的国商品价格；E 为名义汇率。如果使用实际汇率代替名义汇率，则出口需求方程可进一步简化为

$$X^d = (Y^*, \text{reer})$$

考虑到我们研究的重点是人民币汇率波动对中国出口贸易的影响，这里将人民币实际有效汇率波动（vol）也纳入出口需求方程，表示为

$$X^d = (Y^*, \text{reer}, \text{vol})$$

衡量汇率波动的方法很多，其中最常见的方法有两种，即计算汇率标准差的移动平均值和基于 GARCH①模型得到的条件方差。在标准的 GARCH 模型中，一般包含两个回归方程：一个用于表示条件均值；一个用于表示条件方差。假设在 GARCH 模型的条件方差方程中只包含滞后一阶扰动方差和滞后一阶预测方差，则其可以表示为 GARCH（1，1），具体形式如式（6.1）和式（6.2）所示：

$$\boldsymbol{y}_t = \boldsymbol{x}_t \boldsymbol{\gamma} + \boldsymbol{u}_t \tag{6.1}$$

$$\sigma_t^2 = \omega + \alpha u_{t-1}^2 + \beta \sigma_{t-1}^2 \tag{6.2}$$

式中，$\boldsymbol{x}_t$ 为 $1\times(k+1)$ 维外生变量向量；$\boldsymbol{\gamma}$ 为 $(k+1)\times 1$ 维系数向量。式（6.1）把均值方程表示成一个带有误差项的外生变量的函数，式（6.2）为条件方差方程，σ_t^2 表示以以前信息为基础的一期前向预测方差，也被称为条件方差。可以看出，式（6.2）给出的条件方差由三个部分组成：第一部分是常数项 ω；第二部分是滞后一阶的扰动项方差 $\boldsymbol{u}_{t-1}^2$，这一部分也被称为 ARCH 项；第三部分是滞后一阶的预测方差，这一部分被称为 GARCH 项。当扰动项方差滞后阶数为 n、预测方差滞后阶数为 m 时，一般的 GARCH 模型可以表示为 GARCH（m，n）。在给定 GARCH 模型中扰动项方差滞后阶数和预测方差滞后阶数之后，我们可以使用极大似然估计方法估计对应的参数。举例来说，给定模型 GARCH（1，1），如果扰动项服从正态分布，那么在时刻 t 对极大似然函数取对数可以得到式（6.3）。

① GARCH 模型是 generalized autoregressive conditional heteroskedasticity 的缩写。

$$l_t = -\frac{1}{2}\ln(2\pi) - \frac{1}{2}\ln\boldsymbol{\sigma}_t^2 - \frac{1}{2}(\boldsymbol{y}_t - \boldsymbol{x}_t{}'\boldsymbol{\gamma})^2 / \boldsymbol{\sigma}_t^2 \tag{6.3}$$

式中

$$\boldsymbol{\sigma}_t^2 = \omega + \alpha(\boldsymbol{y}_{t-1} - \boldsymbol{x}'_{t-1}\boldsymbol{\gamma})^2 + \beta\boldsymbol{\sigma}_{t-1}^2 \tag{6.4}$$

在金融领域，GARCH 模型的使用非常广泛，具体到外汇市场来说，外汇交易员可以观察上期汇率的预测方差（GARCH 项）和影响汇率波动因素的变动信息（ARCH 项），使用 GARCH 模型将预测方差和扰动项方差的长期加权平均作为汇率波动的代理信息。

关于条件方差方程的处理方式主要有两种：第一种是用条件方差的滞后递归来代替式（6.2）右端部分，此时可以把条件方差表示为滞后扰动项平方的加权平均，即

$$\sigma_t^2 = \frac{\omega}{1-\beta} + \alpha\sum_{j=1}^{\infty}\beta^{j-1}\boldsymbol{u}_{t-j}^2 \tag{6.5}$$

这种 GARCH（1，1）模型的条件方差与样本方差类似，但是它包含了更大滞后阶数扰动项的加权条件方差；第二种是残差通过 $\boldsymbol{v}_t = \boldsymbol{u}_t^2 - \boldsymbol{\sigma}_t^2$ 给出，用它代替式（6.2）中的条件方差，整理后可以得到关于扰动项的表达式，即

$$\boldsymbol{u}_t^2 = \omega + (\alpha + \beta)\boldsymbol{u}_{t-1}^2 + \boldsymbol{v}_t - \beta\boldsymbol{v}_{t-1} \tag{6.6}$$

此时，扰动项平方服从一个异方差的 ARMA（1，1）过程，决定波动冲击持久性的自回归的根是 α 和 β 的和。如果这个根非常接近 1，则冲击会消失得很慢。

另外，式（6.2）可以扩展成包含外生变量或前定变量 z 的方差方程，即

$$\boldsymbol{\sigma}_t^2 = \omega + \alpha\boldsymbol{u}_{t-1}^2 + \beta\boldsymbol{\sigma}_{t-1}^2 + \boldsymbol{\gamma}z_t \tag{6.7}$$

由式（6.7）得到的预测方差有时会存在一些问题，即无法保证其一直为正数，为了解决这个问题，一般可事先对外生变量取绝对值，从而将产生负值预测值的可能性降到最低，如可以令 $z_t = |x_t|$。

对于高阶 GARCH 模型来说，其可以包含多个 ARCH 项和 GARCH 项，通常记为 GARCH（p，q），此时条件方差可以表示为

$$\boldsymbol{\sigma}_t^2 = \omega + \sum_{j=1}^{q}\beta_j\boldsymbol{\sigma}_{t-j}^2 + \sum_{i=1}^{p}\alpha_i\boldsymbol{u}_{t-i}^2 = \alpha_0 + \alpha(L)\boldsymbol{u}_t^2 + \beta(L)\boldsymbol{\sigma}_t^2 \tag{6.8}$$

式中，p 为移动平均 ARCH 项的阶数；q 为自回归 GARCH 项的阶数，$p>0$，且 $\beta_i \geqslant 0$，$1 \leqslant i \leqslant p$；$\alpha(L)$ 和 $\beta(L)$ 为滞后算子多项式。为了使 GARCH（p，q）模型的条件方差有明确的定义，相应的 ARCH(∞) 模型 $\boldsymbol{\sigma}_t^2 = \theta_0 + \theta(L)\boldsymbol{u}_t^2$ 中的所有系数必须为正。由于 GARCH 模型能够表现出条件方差的时变特征和聚类现象，所以在本节我们使用 GARCH（1，1）模型度量人民币实际有效汇率的波动性，均值方程和方差方程的具体表达式如下：

$$\text{reer}_t = \alpha + \beta \text{reer}_{t-1} + \boldsymbol{\varepsilon}_t \tag{6.9}$$

$$\boldsymbol{\sigma}_t^2 = \alpha_0 + \alpha_1 \boldsymbol{\varepsilon}_{t-1}^2 + \boldsymbol{\lambda}_1 \boldsymbol{\sigma}_{t-1}^2 \tag{6.10}$$

根据 GARCH（1，1）模型，我们得到了人民币实际有效汇率的条件标准差，并用其作为人民币实际有效汇率波动的代理变量，具体如图 6.1 所示。

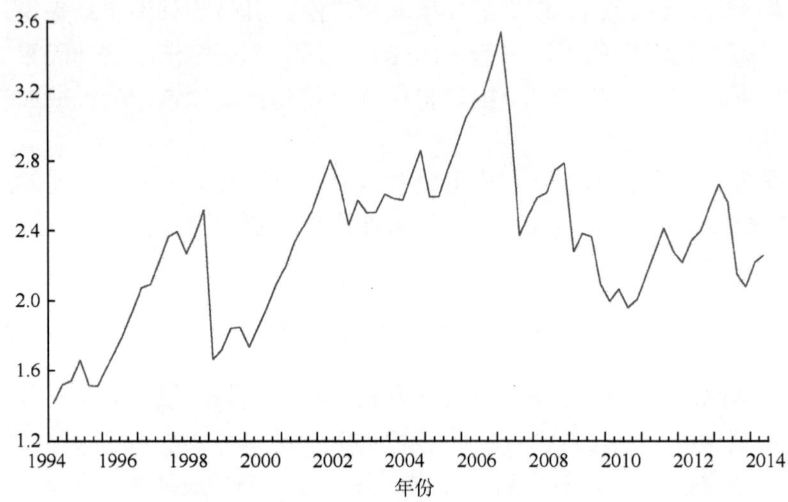

图 6.1　人民币实际有效汇率的条件标准差

6.2.2　平滑转换回归模型

为揭示人民币实际有效汇率波动对中国出口可能存在的非线性影响，本章将尝试使用平滑转换回归模型进行相关实证分析。含有一个转换函数的标准 STR 模型如下：

$$\begin{aligned} \boldsymbol{y}_t &= \phi' \boldsymbol{z}_t + \theta' \boldsymbol{z}_t G(\gamma, c, s_t) + \boldsymbol{u}_t \\ &= \left\{ \phi + \theta G(\gamma, c, s_t) \right\}' \boldsymbol{z}_t + \boldsymbol{u}_t \end{aligned} \tag{6.11}$$

式中，$\boldsymbol{z}_t$ 为解释变量向量，扰动项 $\boldsymbol{u}_t$ 服从独立同分布，$\boldsymbol{u}_t \sim iid(0, \sigma^2)$。在转换函数 $G(\gamma, c, s_t)$ 中，γ 为斜率参数，表示转换函数 G 在状态 0 到状态 1 之间转化的速度，γ 的值越大，转换速度越快。当 γ 趋近于 0 时，非线性模型退化为线性模型，即两者之间不存在任何非线性关系。参数 c 被称为转折点，表示状态转换的时刻。s_t 表示转换变量，它可以是外生变量也可以是内生变量。转换函数 G 连续、有界，其值域为[0，1]。G 的函数形式主要有两大类：第一类为指数型（exponential STR，ESTR），即 $G(\gamma, s_t, c) = 1 - \exp(-\gamma (s_t - c)^2), \gamma > 0$；第二类为对数型（logistic STR，LSTR），即

$$G(\gamma, s_t, c) = \left(1 + \exp\left\{ -\gamma \prod_{k=1}^{K} (s_t - c_k) \right\} \right)^{-1}, \gamma > 0, K = 1, 2, 3, \cdots$$

式中，一般 K 取 1 或 2。如果 K 取 1，则模型记为 LSTR1；如果 K 取 2，则模型记为 LSTR2。LSTR2 转换函数的性质与 ESTR 转换函数的性质相同，即转换函数值关于 $s_t = \frac{c_1 + c_2}{2}$ 对称。使用 STR 模型进行实证分析的步骤如下。

第一步：线性检验和转换变量的选择。为了确定被解释变量和解释变量间是否存在非线性关系，可对转换函数在 γ=0 处进行三阶泰勒展开，构造辅助回归函数：

$$\boldsymbol{y}_t = \boldsymbol{\beta}_0{}'\boldsymbol{z}_t + \sum_{j=1}^{3}\boldsymbol{\beta}_j{}'\overline{\boldsymbol{z}}_t s_t^j + \boldsymbol{u}_t^* \tag{6.12}$$

式中，$\overline{\boldsymbol{z}}_t$ 为 $\boldsymbol{z}_t$ 中不包含常数项的剩余的解释变量。原假设为 H_0：$\beta_1 = \beta_2 = \beta_3 = 0$，如果接受原假设，则说明被解释变量和解释变量间不存在非线性关系；如果拒绝原假设，则说明存在非线性关系。当转换变量发生变化时，线性检验的结果也会随之发生变化。如果对于多个转换变量都拒绝线性检验的原假设，则选择 F 检验统计量 p 值最小的那个变量作为转换变量。

第二步：确定模型形式。如果确定变量间存在非线性关系，为了确定转换函数的形式，需要对式（6.12）中的系数 $\beta_j (j = 1,2,3)$ 依次做如下检验：

$$\mathrm{H}_{04}：\beta_3 = 0.$$

$$\mathrm{H}_{03}：\beta_2 = 0 \mid \beta_3 = 0.$$

$$\mathrm{H}_{02}：\beta_1 = 0 \mid \beta_2 = \beta_3 = 0$$

如果拒绝 H_{03} 的 P 值最小，则选择 LSTR2 模型；否则选择 LSTR1 模型。

第三步：参数估计。为了得到平滑转换回归模型中的参数值，需要首先确定参数初始值，然后使用条件极大似然函数进行估计，即首先对 c 和 γ 的可能取值进行等间距划分，然后针对每一对组合计算对应回归方程的残差平方和，取残差平方和最小的组合为初始值，然后利用条件极大似然函数计算参数值。

第四步：模型检验。与线性模型类似，在得到非线性 STR 模型之后也要对其参数及残差进行检验，以判断是否存在错误设定模型的情况，其中最主要的检验有自相关检验、异方差检验和是否存在多余非线性结构的检验（test of no additive nonlinearity）。如果检验结果符合要求，则可将所得的非线性模型用于预测或其他用途。

6.3　实证分析

6.3.1　人民币汇率波动与出口

根据前文给出的模型设定，并考虑到出口需求存在惯性特征，可以将中国出口需求的分布滞后线性方程设定为

$$\mathrm{ex}_t = a + \sum_{i=1}^{p_0} b_i \times \mathrm{ex}_{t-i} + \sum_{i=0}^{p_1} c_i \times \mathrm{gdp}_{t-i} + \sum_{i=0}^{p_2} d_i \times \mathrm{reer}_{t-i} + \sum_{i=0}^{p_3} e_i \times \mathrm{vol}_{t-i} + \boldsymbol{\varepsilon}_t \quad (6.13)$$

式中，ex 为中国实际出口；gdp 为中国主要贸易伙伴国（地区）加权实际 GDP；reer 为人民币实际有效汇率；vol 为人民币实际有效汇率的波动；$\boldsymbol{\varepsilon}$ 为随机扰动项。相应地，我们选取的代理变量有中国出口额、中国主要贸易伙伴国（地区）加权实际 GDP①、人民币实际有效汇率和人民币实际有效汇率的波动，分别记为 ex、gdp、reer 和 vol。原始数据来自中经网统计数据库和 EIU Countrydata 数据库。样本区间为 1994 年第二季度至 2014 年第二季度，其中各国实际 GDP 为 2005 年为 100 的定基序列，实际有效汇率采用间接标价法，数值上升表示人民币实际有效汇率升值。

在使用平滑转换回归模型研究人民币实际有效汇率波动对中国出口影响之前，首先对相关数据做平稳性检验。这里使用 ADF 检验来判断序列的平稳性，结果如表 6.1 所示，根据表 6.1 的结果我们可以发现在 5%的显著性水平下，各序列是一阶单整的。

表 6.1　ADF 单位根检验结果

变量	截距项	趋势项	ADF 检验统计量	变量	截距项	趋势项	ADF 检验统计量
ex	yes	yes	−1.721 （0.731）	dex	yes	no	−3.151** （0.027）
gdp	yes	yes	−1.894 （0.647）	dgdp	yes	no	−9.110*** （0.000）
reer	yes	yes	−1.711 （0.737）	dreer	yes	no	−7.294*** （0.000）
vol	yes	yes	−2.005 （0.589）	dvol	yes	no	−7.634*** （0.000）

***，**分别表示在 1%，5%的显著性水平下显著

注：dex 表示 ex 的一阶差分，其他变量名表示类似含义；单位根检验方程中最优滞后阶数根据 AIC 准则选择；ADF 检验统计量括号中数值表示对应 P 值

下面我们将使用对数转换函数构造非线性模型，以期描述人民币实际有效汇率波动对中国出口可能存在的非线性影响。根据线性模型（6.13），非线性平滑转换回归模型可以表示为

① 根据中国大陆主要贸易伙伴我们选择了德国、法国、英国、意大利、西班牙、美国、日本、印度尼西亚、泰国、马来西亚、新加坡、菲律宾、中国香港、韩国、中国台湾、澳大利亚、俄罗斯和印度这 18 个国家（地区）作为中国主要贸易伙伴国的样本国家（地区），将它们的实际 GDP 加权平均即得到序列，权重为中国大陆对该国（地区）出口额除以中国总出口额。

$$\text{ex}_t = a + \sum_{i=1}^{p_0} b_i \times \text{ex}_{t-i} + \sum_{i=0}^{p_1} c_i \times \text{gdp}_{t-i} + \sum_{i=0}^{p_2} d_i \times \text{reer}_{t-i} + \sum_{i=0}^{p_3} e_i \times \text{vol}_{t-i}$$
$$+(f + \sum_{i=1}^{p_0} g_i \times \text{ex}_{t-i} + \sum_{i=0}^{p_1} h_i \times \text{gdp}_{t-i} + \sum_{i=0}^{p_2} j_i \times \text{reer}_{t-i} + \sum_{i=0}^{p_3} k_i \times \text{vol}_{t-i}) \times G(\gamma, \text{s}_t, \text{c}) + \boldsymbol{\varepsilon}_t \tag{6.14}$$

式中，$G(\gamma, s_t, c) = \left(1 + \exp\left\{-\gamma \prod_{k=1}^{K}(s_t - c_k)\right\}\right)^{-1}$。

式（6.14）中各变量的滞后阶数可以根据其线性部分回归方程的 AIC 和 SC 准则，以及变量的 t 值和方程的 DW 值来判断，设定方程初始最高滞后阶数为 4，然后依次递减，最终得到式（6.14）中线性回归方程的最佳表达式，具体估计结果如下：

$$\text{ex}_t = \underset{(0.73)}{49.91} + \underset{(26.43)}{1.02}\,\text{ex}_{t-1} - \underset{(-2.19)}{3.91}\,\text{reer}_t + \underset{(2.16)}{3.66}\,\text{reer}_{t-1} + \underset{(1.88)}{3.17}\,\text{gdp} + \underset{(1.18)}{4.16}\,\text{gdp}_{t-1}$$
$$+\underset{(2.14)}{5.54}\,\text{vol}_t - \underset{(-0.85)}{3.88}\,\text{vol}_{t-1} \tag{6.15}$$
$$R^2 = 0.97,\quad \overline{R}^2 = 0.96,\quad \text{AIC} = 9.97,\quad \text{SC} = 10.21$$

下面我们将以式（6.14）为基础，分别以人民币实际有效汇率及其波动为转换变量考察人民币实际有效汇率波动对中国出口可能存在的非线性影响。模型关于最优转换变量及模型形式选择的结果如表 6.2 所示，当选择 reer（t）为转换变量时，在 1%的显著性水平下拒绝人民币实际有效汇率波动与中国出口之间存在线性关系的原假设，因此可以认为它们之间存在非线性关系。在 F_4，F_3，F_2 三个统计量中，F_4 统计量的 p 值最小，因此根据前述检验原理，可以确定转换函数 G 的形式为 LSTR1 模型。

表 6.2　转换变量及模型选择结果

转换变量	F	F_4	F_3	F_2	模型形式
reer（t）*	5.9342×10^{-5}	8.4154×10^{-3}	9.7609×10^{-3}	1.0423×10^{-2}	LSTR1
vol（t）	9.9020×10^{-1}	9.2238×10^{-1}	7.0152×10^{-1}	9.8142×10^{-1}	Linear
reer（t–1）	4.6438×10^{-3}	3.3231×10^{-2}	5.3210×10^{-2}	8.8925×10^{-2}	LSTR1
vol（t–1）	8.7631×10^{-1}	8.2355×10^{-1}	2.9973×10^{-1}	9.7707×10^{-1}	Linear
reer（t–2）	1.0169×10^{-1}	2.6874×10^{-1}	1.3989×10^{-1}	1.9286×10^{-1}	Linear
vol（t–2）	9.5607×10^{-1}	9.8968×10^{-1}	3.6165×10^{-1}	9.0707×10^{-1}	Linear

*表示根据 STR 模型内生原则确定的最优转换变量和转换函数的形式。

注：F、F_4、F_3、F_2 分别表示 H_0、H_{04}、H_{03}、H_{02} 假设下的 F 统计量，其对应的每一列数字为 F 统计量的 p 值

综合以上对 STR 模型建模的分析，我们可以得到出口与外国实际产出、人民

币实际有效汇率和人民币实际有效汇率波动的非线性 STR 模型：

$$\begin{aligned}\mathrm{ex}_t &= a + b_1\mathrm{ex}_{t-1} + c_0\mathrm{gdp}_t + c_1\mathrm{gdp}_{t-1} + d_0\mathrm{reer}_t + d_1\mathrm{reer}_{t-1} + e_0\mathrm{vol}_t + e_1\mathrm{vol}_{t-1} \\ &\quad + (f + g_1\mathrm{ex}_{t-1} + h_0\mathrm{gdp}_t + h_1\mathrm{gdp}_{t-1} + j_0\mathrm{reer}_t + j_1\mathrm{reer}_{t-1} + k_0\mathrm{vol}_t + k_1\mathrm{vol}_{t-1}) \\ &\quad \times G(\gamma, s_t, c) + \boldsymbol{\varepsilon}_t\end{aligned} \tag{6.16}$$

式中，$G(\gamma,\mathrm{reer}_t,c)=[1+\exp(-\gamma(\mathrm{reer}_t-c))]^{-1}$，为了估计式（6.16）中的参数，我们可以使用网格搜索法，如图 6.2 和图 6.3 所示，即 C 的取值范围为[80.667，128.582]，γ 的取值范围为[0.5，10]，将它们等距各取 30 个值，构成 900 对组合。针对每一

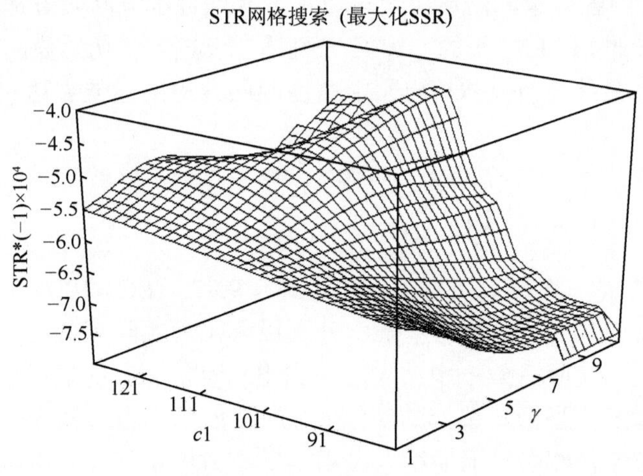

图 6.2　网格搜索的三维透视图

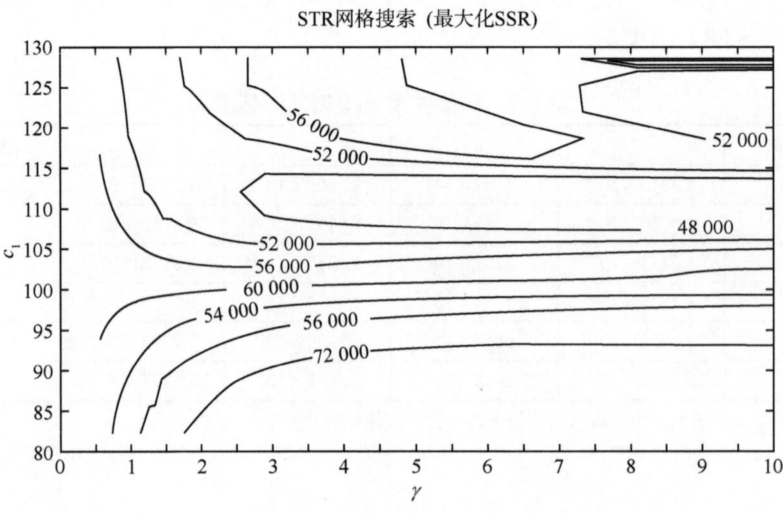

图 6.3　网格搜索的等高线图

组合计算式（6.16）的残差平方和，将残差平方和最小的那对组合确定为各自的初值，然后用 Newton-Raphson 迭代和最大化条件似然函数求参数的估计值。最终的结果如表 6.3 所示。

模型中主要诊断统计量的结果为 $p\text{LM}_{\text{ARCH}}(4)=0.512$，$p\text{LM}_{\text{ARCH}}(8)=0.427$，$p\text{LM}_{\text{AR}}(4)=0.119$，$p\text{LM}_{\text{AR}}(8)=0.187$，$p\text{JB}=0.329$[①]，说明非线性模型的残差符合正态分布，且通过了不存在异方差和不存在序列相关的检验。以 reer（t）为转换变量检验是否存在多余的非线性结构时，统计量 F，F_4，F_3，F_2 的相伴概率分别为 0.194，0.005，0.002 和 0.557，这说明样本数据中的非线性结构已经被所构造的 LSTR1 模型充分说明，不存在残留的非线性结构，该模型可以较好地说明解释变量和被解释变量之间的非线性关系。表 6.3 中的结果表明，式（6.16）中的门限值为 109.777，即当 reer（t）大于此门限值时，模型中非线性部分的作用显著增强。另外对比式（6.15）和表 6.3 中的结果可以发现，非线性 LSTR1 模型中的拟合优度有所上升且 AIC 和 SC 统计量有所下降，这说明非线性 LSTR1 模型可以更好地描述人民币实际有效汇率波动对中国出口的影响。

表 6.3　LSTR1 模型的估计结果

变量		初值	估计值	标准差	t 统计值	p 值
线性部分	const	37.342	30.263	65.510	0.462	0.645
	ex（t–1）	1.068	1.071	0.047	22.508	0.000
	gdp（t）	5.627	5.226	3.462	1.509	0.129
	reer（t）	–2.612	–2.576	1.711	–1.505	0.137
	vol（t）	–1.189	–0.928	4.636	–0.201	0.843
	gdp（t–1）	5.386	6.847	3.581	1.912	0.046
	reer（t–1）	2.215	2.308	1.607	1.436	0.156
	vol（t–1）	1.119	0.884	4.647	0.190	0.849
非线性部分	const	297.444	242.435	580.704	0.417	0.677
	ex（t–1）	–0.431	–0.386	0.158	–2.442	0.017
	gdp（t）	4.381	4.187	1.586	2.639	0.010
	reer（t）	–1.366	–1.024	5.272	–0.194	0.846
	vol（t）	6.286	5.848	1.837	3.182	0.002
	gdp（t–1）	6.368	5.977	1.363	4.385	0.000
	reer（t–1）	0.542	0.481	0.447	1.077	0.285
	vol（t–1）	–6.560	–6.038	1.449	–4.166	0.000

① $p\text{LM}_{\text{ARCH}}(q)$为检验残差是否存在异方差统计量的相伴概率，$q$ 为滞后阶数；$p\text{LM}_{\text{AR}}(q)$为检验残差是否存在自相关统计量的相伴概率，$q$ 为滞后阶数；p_{JB} 为检验残差是否服从正态分布时 Jarque-Bera 统计量的相伴概率。

续表

变量		初值	估计值	标准差	t 统计值	p 值
非线性部分	γ	8.133	10.695	8.194	1.305	0.196
	c_1	110.407	109.777	1.147	95.687	0.000
AIC				6.809		
SC				7.349		
HQ				7.028		
R^2				0.982		
$\overline{R^2}$				0.982		

从转换函数的估计结果来看，平滑转换系数γ=10.695，数值比较大，说明从一种机制向另一种机制转换速度较快。当转换变量 reer（t）小于门限值 c（c=109.777）时，转换函数值趋向于零，非线性部分消失，LSTR1 模型退化为一般的线性模型。当转换变量大于门限值时，人民币实际汇率波动对中国出口的影响表现出明显的非线性特征。图 6.4 绘制了在样本期间转换函数值的动态演进，从图中我们可以看出，1994 年第四季度至 2008 年第三季度，转换变量 reer（t）小于门限值 c，此时人民币实际有效汇率波动对中国出口的影响基本为线性关系；在 2008 年第四季度至 2009 年第二季度，转换变量 reer（t）大于门限值 c，转换函数趋向于 1，表现出明显的非线性特征，人民币实际有效汇率波动对中国出口具有非对称影响；在 2009 年第三季度至 2011 年第二季度，转换函数值介于 0 和 1 之间，此时人民币实际有效汇率波动通过式（6.16）中的线性部分和非线性部分共同对中国出口产生影响；在 2011 年第三季度至 2014 年第二季度，转换变量 reer（t）再次超过门限值 c，使得模型又一次表现出明显的非线性特征。

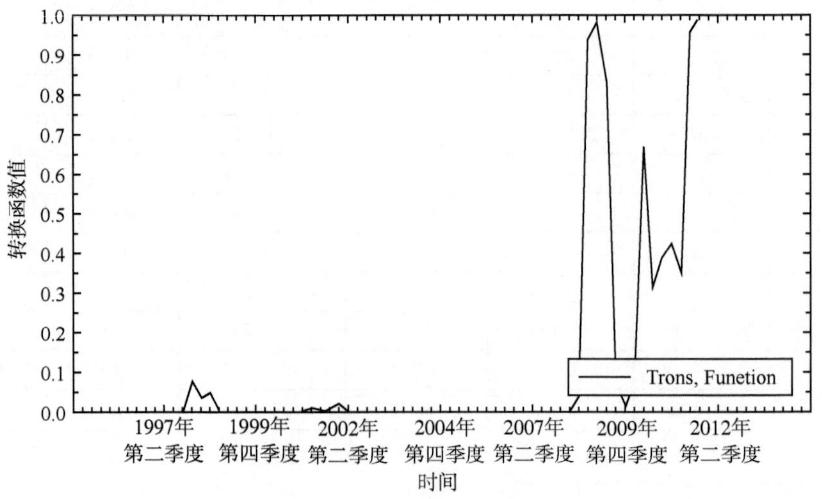

图 6.4　转换函数曲线图

在 LSTR1 模型的线性部分中，中国主要贸易伙伴实际 GDP 加权的当期值和滞后 1 期值对中国出口有正向促进作用，且滞后 1 期系数更大，分别为 5.226 和 6.847。当期人民币实际有效汇率升值对中国出口有阻碍作用，滞后 1 期的人民币实际有效汇率升值对中国出口有促进作用，不过两者系数之和为负，说明人民币实际有效汇率对中国出口影响的净效应还是负向的。当期人民币实际有效汇率波动对中国出口有负向影响，滞后 1 期人民币实际有效汇率波动对中国出口有正向影响，不过两者系数都不显著。

在非线性部分，中国主要贸易伙伴实际 GDP 加权的当期值和滞后 1 期值对中国出口依然具有正向促进作用。人民币实际有效汇率的变动和波动率对中国出口的影响则呈现出截然相反的趋势：一方面，人民币汇率升值对中国出口的影响从统计学角度变得相当不显著，即人民币汇率变动对出口没有非线性影响；另一方面，汇率波动性的作用则变得相当重要和显著。根据 Harrod-Balassa-Samuelson 效应的解释，贸易品部门生产率的高速增长将造成本国非贸易品价格的上升，因此最终实际汇率升值。结合中国经济的实际情况分析，人民币汇率近年来的大幅度升值可能正是源于本国技术水平和生产效率的提高。这样由技术进步所带来的贸易品价格的相对下降对中国出口就可能产生一定的促进作用，从而在一定程度上缓解汇率升值所造成的支出转移效应，于是在本文的实证结果中，人民币汇率大幅升值对出口的影响相当不显著。

虽然汇率波动率会增加出口风险，但是这种风险在汇率变动程度不高时不是很明显；随着汇率升值幅度超过门限值后，这种风险就会变得相当重要，因此在非线性部分滞后 1 期的人民币实际有效汇率波动会显著阻碍中国出口增加。另外，汇率波动也能给出口厂商带来更多的机遇，所以当期人民币实际有效汇率波动则会显著促进中国出口增加。综合来看，在非线性部分人民币实际有效汇率波动上升还是会对中国出口起阻碍作用。

综合以上分析可以发现，在不同时期和转换区制下，人民币实际有效汇率波动对中国出口影响的方向和程度有明显区别，LSTR1 模型较线性模型可以更加有效地拟合人民币实际有效汇率波动对中国出口影响的动态变化。

6.3.2　稳健性检验

前文的研究表明，自 2008 年以来，人民币实际有效汇率波动对中国出口的影响表现出了明显的非线性关系，在不同人民币实际有效汇率水平区间，人民币实际有效汇率波动对中国出口具有明显的非对称效应。但是随着中国全球化进程的不断推进，在开放的经济环境中，外部冲击也会对中国出口造成重要影响。例如，Backus 和 Crucini（2000），Kilian（2009）和 Bodenstein 等（2011）研究了国际油价冲击通过贸易渠道对经济发展的影响，韩民春和樊琦（2007）、干杏娣和刘凌（2010）也从不同角度研究了国际油价冲击对中国出口贸易的影响。因此，本章将选取国际油价作为外部冲击因素，进一步在开放经济背景下考察人民币实际有效汇率波动对中国出口的影响。

目前国际能源市场中主要存在西得克萨斯轻质原油（WTI）、北海布伦特原油、迪拜原油、欧佩克一篮子原油和 IMF 发布的世界平均原油现货和期货价格，由于原油期货价格容易受到投机和心理等非经济因素的影响，参考曾林阳（2009）的研究，我们选择交易量相对较大的 WTI 原油现货价格作为国际油价的代理变量，数据来源于美国能源信息署网站（http：//www.eia.gov/）。

与前文中对模型的处理类似，首先将 oil（t）引入非线性模型（6.16）中，从而得到在外部冲击背景下研究人民币汇率波动对中国出口影响的非线性模型，具体形式如下：

$$\begin{aligned}\mathrm{ex}_t &= a+\sum_{i=1}^{p_0} b_i\times \mathrm{ex}_{t-i}+\sum_{i=0}^{p_1} c_i\times \mathrm{gdp}_{t-i}+\sum_{i=0}^{p_2} d_i\times \mathrm{reer}_{t-i}+\sum_{i=0}^{p_3} e_i\times \mathrm{vol}_{t-i}+\sum_{i=0}^{p_4} l_i\times \mathrm{oil}_{t-i}\\ &\quad+(f+\sum_{i=1}^{p_0} g_i\times \mathrm{ex}_{t-i}+\sum_{i=0}^{p_1} h_i\times \mathrm{gdp}_{t-i}+\sum_{i=0}^{p_2} j_i\times \mathrm{reer}_{t-i}+\sum_{i=0}^{p_3} k_i\times \mathrm{vol}_{t-i}+\sum_{i=0}^{p_4} m_i\times \mathrm{oil}_{t-i})\\ &\quad\times G(\gamma,s_t,c)+\boldsymbol{\varepsilon}_t\end{aligned} \tag{6.17}$$

然后选择非线性模型的具体形式和最优转换变量，具体结果如表 6.4 所示。

表 6.4　转换变量及模型选择结果

转换变量	F	F_4	F_3	F_2	模型形式
reer（t–2）	3.4953×10^{-2}	8.8605×10^{-1}	6.2985×10^{-2}	2.2609×10^{-3}	LSTR1
reer（t–1）*	7.0532×10^{-4}	8.3481×10^{-2}	7.1709×10^{-2}	8.7968×10^{-4}	LSTR1
reer（t）	1.0604×10^{-3}	9.8387×10^{-2}	4.8035×10^{-2}	2.2281×10^{-3}	LSTR1
oil（t–2）	1.5941×10^{-3}	1.3450×10^{-1}	4.8590×10^{-2}	2.0430×10^{-3}	LSTR1
oil（t–1）	6.1056×10^{-3}	6.2465×10^{-4}	5.0540×10^{-2}	4.2255×10^{-2}	LSTR1
oil（t）	1.1441×10^{-4}	4.5737×10^{-2}	1.3248×10^{-6}	2.6245×10^{-3}	LSTR2

*表示根据 STR 模型内生原则确定的最优转换变量和转换函数的形式

注：F、F_4、F_3、F_2 分别表示 H_0、H_{04}、H_{03}、H_{02} 假设下的 F 统计量，其对应的每一列数字为 F 统计量的 p 值

根据表 6.4 的结果，并考虑到现实的经济意义，我们选择 reer（t–1）作为转换变量并确定转换函数的形式为 LSTR1 模型。为了估计相应参数，我们还是使用网格搜索法，此时网格搜索的三维透视图和等高线图如图 6.5 和图 6.6 所示。在对模型进行优化并剔除掉部分不显著变量之后得到了式（6.17）的估计结果，如表 6.5 所示。

表 6.5　LSTR1 模型的估计结果

变量		初值	估计值	标准差	t 统计值	p 值
线性部分	const	–2.681	–11.173	50.927	–0.219	0.827
	ex（t–1）	0.789	0.820	0.085	9.582	0.000
	reer（t）	–1.406	–1.548	1.425	–1.086	0.282
	vol（t）	–3.178	–2.709	3.811	–0.710	0.480
	oil（t）	–1.243	–1.131	0.334	–3.385	0.001
	gdp（t）	5.61	9.901	2.695	3.673	0.000
	reer（t–1）	1.290	1.684	1.375	1.224	0.225
非线性部分	const	27.701	–21.598	40.589	–0.531	0.597
	ex（t–1）	0.540	0.542	0.165	3.277	0.001
	reer（t）	–7.411	–3.751	4.431	–0.846	0.400
	vol（t）	4.665	6.675	1.594	4.187	0.000
	oil（t）	–1.724	–1.546	0.954	–1.620	0.110
	gdp（t）	2.830	4.249	1.244	3.415	0.001
	reer（t–1）	6.777	5.893	4.128	1.427	0.158
	vol（t–1）	–5.402	–3.950	1.606	–2.459	0.017
	oil（t–1）	4.667	4.062	0.949	4.280	0.000
	γ	6.615	6.497	1.837	3.537	0.000
	c_1	110.730	109.121	1.175	92.836	0.000
AIC				6.391		
SC				7.051		
HQ				6.656		
R^2				0.984		
$\overline{R^2}$				0.986		

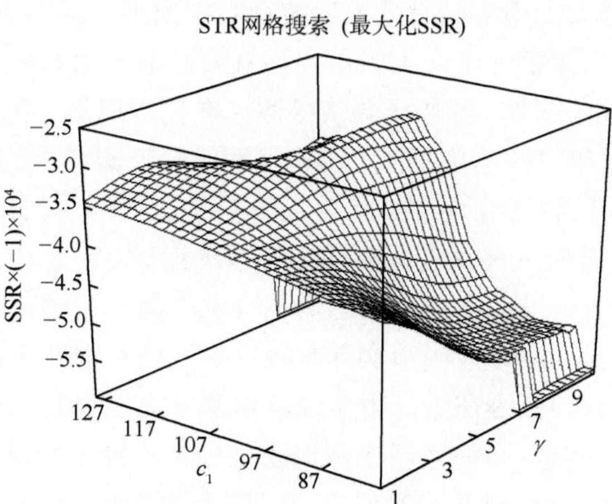

图 6.5　网格搜索的三维透视图

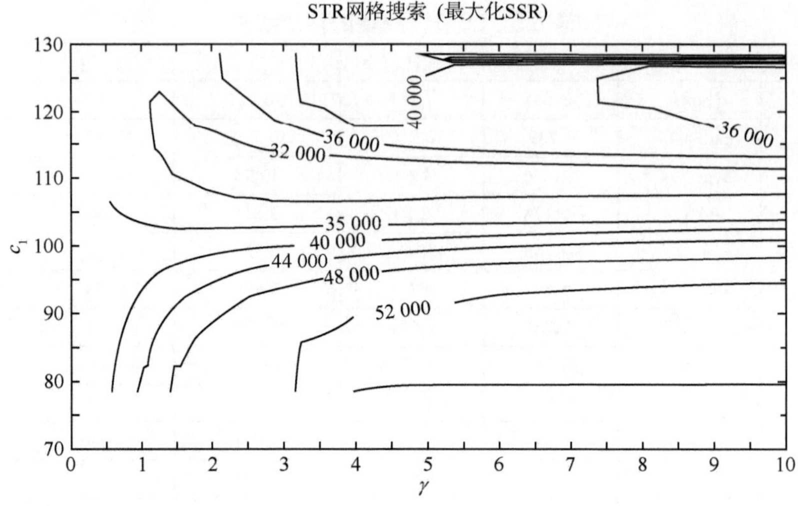

图 6.6　网格搜索的等高线图

另外对模型所得残差进行的异方差检验、序列相关检验和正态性检验都说明模型设定合理，符合 STR 模型建模要求。表 6.5 中的估计结果说明，人民币实际有效汇率波动对中国出口影响呈显著的非对称性，且这种非对称性比模型（6.16）更强。转换函数中的平滑转换系数 $\gamma = 6.497$，小于没有考虑外部冲击下的转换系数（γ=10.695），说明在考虑外部冲击对中国出口的影响时，中国出口在两种机制间的转换变得平滑了。

模型（6.17）的门限值为 109.121，也就是说当 reer（t–1）小于门限值 c 时，转换函数值趋于零，人民币实际有效汇率波动对中国出口的影响表现为线性关系；当 reer（t–1）超过门限值 c 时，人民币实际有效汇率波动对中国出口的影响表现出明显的非线性特征。图 6.7 描绘了转换函数值在样本期间内的波动情况，在 2008 年第二季度至 2011 年第四季度期间，转换函数值频繁转换，表现出明显的非线性特征。对比图 6.4 可以发现，在 2009 第三季度至 2011 年第二季度，转换函数值介于 0 和 1 之间，此时人民币实际有效汇率波动通过式（6.17）中的线性部分和非线性部分共同对中国出口产生影响。而在考虑外部冲击时，转换函数值在 0 和 1 之间反转特征增强，此时人民币实际有效汇率波动对中国出口的影响变得更为复杂。出现这种现象的原因在于，很多经济学家研究发现石油价格波动会对经济增长产生非对称的冲击，石油价格上涨对宏观经济的冲击影响更大（Barsky and Kilian，2004；Bodenstein et al.，2011）。从 2002 年开始，受全球经济增长、美元持续贬值、战争和各种投机因素的影响，国际油价一路飙升，并在 2008 年 7 月达到每桶 147 美元的历史高位。虽然受 2008 年美国金融危机的影响国际油价在 2008

年 12 月又跌回每桶 41 美元，但此后基本保持了单边上升的趋势，截至 2014 年 11 月基本维持在每桶 70～100 美元。

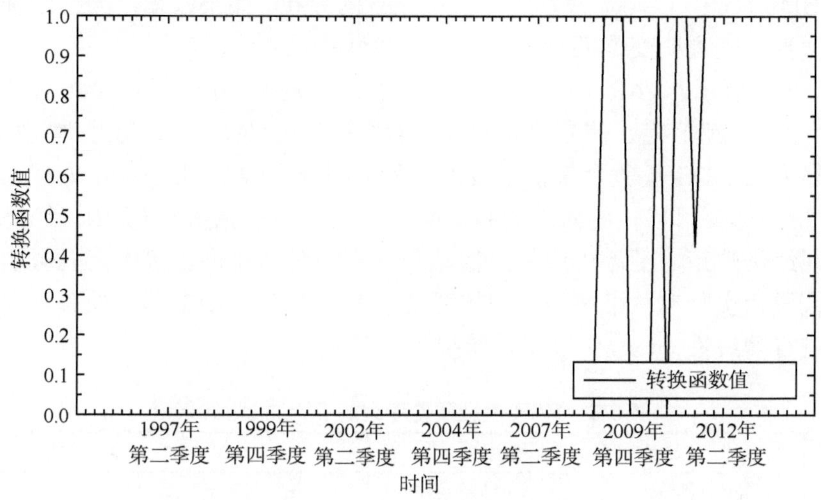

图 6.7　转换函数曲线图

在式（6.17）的线性部分中，中国当期出口与 ex（t–1）、gdp（t）和 reer（t–1）正相关，与 reer（t）和 vol（t）负相关。另外，中国当期出口与 oil（t）负相关，此时国际油价大幅上升会显著降低中国出口水平。在式（6.17）的非线性部分中，中国出口与 ex（t–1）、vol（t）、gdp（t）、oil（t–1）和 reer（t–1）正相关，与 reer（t）、oil（t）和 vol（t–1）负相关，其中油价当期水平和滞后 1 期水平净效应对中国出口影响为正，说明此时油价上升时中国出口在增加。这部分证实了干杏娣和刘凌（2010）的结论，他们认为由于国际油价冲击对中国出口传导效应存在三种中国特有的因素，即中国出口商品价格刚性、石油出口国收入增加带来的进口需求上升和中国特殊的石油价格政策，国际油价冲击对中国出口存在正向传导效应，即国际油价上升时，中国出口增加。另外，式（6.16）和式（6.17）的门限值相当接近，而且从回归系数的显著程度上看，人民币汇率的波动率在非线性部分呈现出与前面结论类似的结果，这就说明加入国际油价冲击后人民币实际汇率波动率与中国出口贸易间存在非线性关系的结论是非常稳健的。

6.4　动态非线性 Granger 因果检验

从上面的分析我们可以看出，中国出口贸易与人民币实际有效汇率波动和国际油价之间存在明显的非线性关系。出于稳健性考虑，我们可以采用 Brock 等

（1996）提出的 BDS 检验来考察两者之间是否存在广义随机非线性效应，即首先使用向量自回归（VAR）模型剔除掉变量间的线性关系，然后分别对得到的残差序列做 BDS 检验，以确定残差是否服从独立同分布。如果残差序列拒绝独立同分布的原假设，则说明变量间存在显著的非线性关系。

如表 6.6 所示，VAR（ex，vol）模型中 ex 方程残差序列和 vol 方程残差序列的 BDS 检验全都拒绝残差为独立同分布的原假设；VAR（ex，oil）模型中 ex 方程残差序列的 BDS 检验全都拒绝残差为独立同分布的原假设，oil 方程残差序列的 BDS 检验部分可以拒绝残差为独立同分布的原假设。这说明受中国经济结构转型、宏观经济政策、汇率形成机制改革和外部经济环境冲击等因素的影响，中国出口与人民币实际有效汇率波动及国际油价间确实存在动态非线性关系，这为我们下面进行非线性 Granger 因果检验提供了基础。

表 6.6　VAR 模型残差序列的 BDS 检验结果

维度	ex 和 vol 的 VAR 模型		ex 和 oil 的 VAR 模型	
	ex 方程残差	vol 方程残差	ex 方程残差	oil 方程残差
2	5.237	2.371	23.944	0.724
	（0.000）	（0.017）	（0.000）	（0.468）
3	5.299	3.358	26.028	1.924
	（0.000）	（0.000）	（0.000）	（0.054）
4	6.983	3.461	27.343	1.755
	（0.000）	（0.000）	（0.000）	（0.079）
5	8.195	2.557	30.018	1.876
	（0.000）	（0.011）	（0.000）	（0.060）
6	9.383	2.274	33.576	1.486
	（0.000）	（0.022）	（0.000）	（0.137）

注：根据 AIC、SC 准则，VAR（ex，vol）模型选择滞后阶数为 4，VAR（ex，oil）模型选择滞后阶数为 5；BDS 检验带宽取 0.7，括号中数值为 p 值

传统的 Granger 因果检验考察的只是变量间的线性因果关系，如果我们使用传统 Granger 因果检验方法去考察存在非线性关系变量间的相互影响，结论往往会出现显著的偏误。为了解决传统 Granger 因果检验的局限性，Diks 和 Panchenko（2006）提出了非参数 T_n 检验方法，用以考察变量间是否存在非线性 Granger 因果关系。非参数 T_n 检验方法的主要思想和传统的 Granger 因果检验类似，两者的主要区别在于非参数 T_n 检验不再假定变量间存在线性关系，而是利用联合分布密度函数对“变量间不存在因果关系”的原假设进行重新表述。在给定局部密度函数估计值的条件下，Diks 和 Panchenko 构造了检验统计量 T_n 用以进行非线性 Granger

因果检验，他们的研究表明基于 T_n 的统计量 $\sqrt{n}\frac{T_n(\varepsilon_n)-q}{S_n}$ 依分布收敛于正态分布。近些年来非参数 T_n 检验方法被广泛应用于经济学的各个领域，其效果得到了证实。

为了确保准确检验变量之间是否存在严格意义上的非线性关系，我们采用与 Diks 和 Panchenko（2006）研究相一致的方法，对上述经过 VAR 模型线性过滤后的残差序列进行非线性 Granger 因果检验。经检验，经 VAR 模型过滤后的残差序列都是平稳序列，故可直接使用非参数 T_n 检验，结果如表 6.7 所示。在 10%的显著性水平下，ex 不是 vol 的非线性 Granger 原因，vol 是 ex 的非线性 Granger 原因；在 5%的显著性水平下，ex 不是 oil 的非线性 Granger 原因，oil 是 ex 的非线性 Granger 原因。非线性 Granger 因果检验结果再次说明中国出口与人民币实际有效汇率波动和国际油价之间确实存在非线性关系。

表 6.7　非线性 Granger 检验结果

	ex ≠> vol		vol ≠> ex		ex ≠> oil		oil ≠> ex	
L_x=L_y	T_n 统计量	p 值	T_n 统计量	p 值	T_n 统计量	p 值	T_n 统计量	p 值
1	0.220	0.412	1.345	0.089	1.133	0.128	1.896	0.029
2	0.676	0.249	1.333	0.091	0.283	0.388	1.177	0.119
3	0.843	0.199	1.545	0.061	1.227	0.109	1.133	0.128
4	1.074	0.141	1.274	0.101	0.620	0.267	0.073	0.470
5	0.640	0.261	1.037	0.149	-0.683	0.752	1.262	0.103
6	0.731	0.232	0.338	0.367	-0.599	0.725	0.956	0.169

注：ex ≠> vol 表示 ex 不是 vol 的非线性 Granger 原因，其他依此类推；L_x=L_y 表示残差序列的共同滞后阶数

6.5　本 章 小 结

本章使用平滑转换回归模型研究了人民币实际有效汇率波动对中国出口的非线性影响，同时结合国际油价冲击，采用动态非线性 Granger 因果检验方法考察了不同时期人民币实际有效汇率和国际油价与中国出口间的关系。本章得到的主要结论如下。

第一，人民币实际有效汇率波动变化对中国出口存在显著非对称影响。在 1994 年第四季度至 2008 年第三季度，人民币实际有效汇率波动对中国出口影响基本为线性关系；在 2008 年第四季度至 2009 年第二季度，人民币实际有效汇率波动对中国出口影响呈显著非线性关系；在 2009 年第三季度至 2011 年第二季度，人民币实际有效汇率波动对中国出口的影响由线性部分和非线性部分共同作用；在 2011 年第三季度至 2014 年第二季度，人民币实际有效汇率波动对中国出口的

影响又恢复为线性关系。

第二，在考虑了国际油价冲击后，人民币实际有效汇率波动对中国出口的影响依然呈显著的非线性关系，且非线性特征表现得更为明显。国际油价对中国出口影响存在滞后效应，且当期油价和滞后 1 期油价对中国出口影响的净效应在线性部分和非线性部分存在差异。

第三，通过 BDS 非线性检验发现，人民币实际有效汇率波动和国际油价与中国出口间存在显著的非线性作用机制，且非线性 Granger 因果检验进一步确认了人民币实际有效汇率波动和国际油价对中国出口的单向非线性影响。

第 7 章　主要结论与政策建议

本章首先简要地归纳本书基本结论，然后在深入研究人民币汇率变动、人民币错位程度和人民币波动幅度对我国出口贸易影响的基础上，从人民币汇率制度改革和进一步促进出口贸易发展的角度提出相关政策建议，如继续大力推进人民币汇率形成机制改革；保持人民币汇率变动的主动性和灵活性；积极稳妥地推进人民币国际化进程；适时调整对外贸易政策，适应新常态下外贸发展要求；实施多元出口战略，进一步开拓国际市场，加快海外投资。

7.1　研 究 结 论

第一，从汇率波动水平角度来看，我国出口贸易增长存在惯性，滞后一期的出口对本期出口存在显著正向影响；我国主要贸易伙伴国（地区）内实际 GDP 增长也能有效促进我国出口增加；不论是实际有效汇率升值还是名义有效汇率升值都会阻碍我国出口贸易增长，出口贸易对实际汇率的弹性大于出口贸易对名义汇率的弹性。短期来看，出口贸易的当期汇率弹性绝对值较小，长期汇率弹性绝对值较大，因此当期汇率升值时出口贸易一般不会立刻下降，但是长期来看，人民币实际有效汇率升值或是名义有效汇率升值都会使我国出口显著下降。

如果进一步从贸易方式角度区分人民币汇率变动对一般贸易出口和加工贸易出口的影响，我们发现不论是人民币名义有效汇率升值还是实际有效汇率升值，其对一般贸易出口的影响都要大于对加工贸易出口的影响，说明我国加工贸易企业抵御人民币汇率升值的能力要强于一般贸易企业，在短期内受到人民币汇率升值的影响更小。考虑到从 2009 年开始，我国一般贸易企业出口占我国出口总额的比重显著上升，管理部门应合理控制人民币汇率升值的幅度和速度，避免对我国出口造成较大负面冲击。此外，在分析人民币汇率变动对中美、中日、中德、中英和中韩双边贸易影响时，我们发现我国出口贸易对贸易伙伴国的收入弹性较大，出口贸易对汇率弹性较小，人民币汇率变动会影响我国对主要贸易伙伴国的出口，但它不是主要影响因素。

第二，从汇率错位的角度来看，在 1994 年第一季度至 2014 年第二季度，人民币实际有效汇率围绕均衡汇率水平波动，有被高估阶段也有被低估阶段，不存在刻意控制人民币实际汇率低于均衡水平。不论是在被高估阶段还是被低估阶段，人民币实际汇率升值都会使出口下降，使进口上升，但在高估阶段我国出口贸易汇率弹性的绝对值更小。具体来说，在 1994 年第一季度至 2014 年第二季度，人民币实际有效汇率错位状况可以被分为六个阶段，其中存在四个明显的被低估阶段和两个明显的被高估阶段。四个被低估阶段是：1994 年第一季度至 1995 年第三季度，期间低估程度平均值为 5.99%；2003 年第二季度至 2006 年第四季度，期间低估平均值为 3.59%；2007 年第二季度至 2008 年第二季度，期间低估平均值为 2.1%；2009 年第三季度至 2014 年第二季度，低估平均值为 8.29%。两个高估阶段是：1995 年第四季度至 2003 年第一季度，高估平均值为 5.15%；2008 年第三季度至 2009 年第二季度，高估平均值为 4.45%。在人民币实际有效汇率被高估阶段（1995～2003 年），我国贸易伙伴国（地区）加权实际 GDP 上升 1%时，我国出口会增加 2.75%；人民币实际有效汇率上升 1%时，我国出口会下降 0.91%；人民币实际有效汇率被高估水平上升 1%时，我国出口会下降 0.09%，说明人民币实际有效汇率被高估确实会影响我国出口额的增加。在人民币实际有效汇率被低估阶段（2009～2014 年），我国贸易伙伴国（地区）加权实际 GDP 上升 1%时，我国出口会增加 2.11%；人民币实际有效汇率上升 1%时，我国出口会下降 1.06%；人民币实际有效汇率低估水平上升 1%时，我国出口会上升 0.1%，说明人民币实际有效汇率被低估确实会在一定程度上促进我国出口额的增加。

第三，从人民币实际有效汇率波动幅度的角度来看，人民币实际有效汇率波动变化对我国出口存在显著非对称影响。在 1994 年第四季度至 2008 年第三季度，人民币实际有效汇率波动对我国出口影响基本为线性关系；在 2008 年第四季度至 2009 年第二季度，人民币实际有效汇率波动对我国出口影响呈显著非线性关系；在 2009 年第三季度至 2011 年第二季度，人民币实际有效汇率波动对我国出口的影响由线性部分和非线性部分共同作用；在 2011 年第三季度至 2014 年第二季度，人民币实际有效汇率波动对我国出口的影响又恢复为线性关系。在考虑了国际油价冲击后，人民币实际有效汇率波动对我国出口的影响依然呈显著的非线性关系，且非线性特征表现得更为明显。国际油价对我国出口影响存在滞后效应，且当期油价和滞后 1 期油价对我国出口影响的净效应在线性部分和非线性部分存在差异。而且，通过 BDS 非线性检验发现，人民币实际有效汇率波动和国际油价与我国出口间存在显著的非线性作用机制，且非线性 Granger 因果检验进一步确认了人民币实际有效汇率波动和国际油价对我国出口的单向非线性影响。

7.2 政策建议

从以上分析的结果来看，随着人民币汇率形成机制改革的深化，人民币汇率长期升值及波动幅度扩大的趋势会对我国出口造成一定冲击。人民币汇率制度改革是牵一发而动全身的重要制度改革，因此改革过程中除了要考虑目前经济承受能力，兼顾各方利益，还要从全局和长远的角度制定具体的改革策略。为此本书提出以下政策建议。

7.2.1　继续大力推进人民币汇率形成机制改革

在经济“新常态”下，我国经济社会结构转型对人民币汇率形成机制改革提出了新要求，需要我们根据经济发展的新情况、遇到的新问题，统筹兼顾，继续大力推进人民币汇率形成机制改革。从目前国内外经济环境来看，货币当局首先需要保持人民币名义汇率基本稳定，在风险可控的条件下逐步增加人民币汇率的弹性，充分发挥人民币汇率在调节国际收支和促进经济结构调整方面的积极作用。具体来说有以下几点。

第一，保持人民币名义汇率的基本稳定。虽然在 2015 年 1 月人民币对美元名义汇率出现过数次跌停，但是总体上来看人民币对美元名义汇率仍存在升值压力。多年的经常项目顺差和资本项目顺差使我国积累了大量的外汇储备，这使国际资本市场对人民币名义汇率一直存在升值的预期。为了对症下药，有效缓解人民币汇率升值的压力，货币当局可以考虑从外贸体制改革、外汇管理体制改革和逐步放开资本项目账户等方面入手。

第二，优化人民币中心汇率形成机制。目前的人民币中心汇率是由外汇交易中心每日开盘前向各做市商询价产生的，但是其具体计算公式、各做市商报价及做市商报价权重都未公布，因此人民币中心汇率形成机制有进一步优化的空间。通过提高人民币中心汇率形成机制的透明度可以有效引导市场对人民币汇率波动的预期，提高外汇市场供求对人民币汇率的影响。

7.2.2　保持人民币汇率变动的主动性和灵活性

2014 年 3 月 15 日，中国人民银行发布公告，自 2014 年 3 月 17 日起银行间即期外汇市场人民币兑美元交易价格浮动幅度由 1%扩大至 2%。自此人们预期我国政府会逐步提高人民币汇率浮动幅度，虽然人民币汇率形成机制改革的目的是形成有弹性的浮动汇率制度，但是将汇率弹性与人民币汇率浮动幅度片面等价起来是不准确的，只有准确认识汇率弹性的本质才能避免在人民币汇率形成机制改革过程中走弯路。

人民币汇率形成机制改革的终极目标是形成以市场为基础的，反映国内外经济形势的浮动汇率制度，而不是单纯地扩大人民币汇率浮动幅度。所谓弹性是指人民币汇率水平主要是由市场供求力量决定的，行政干预逐步退出。因此，即使人民币兑美元名义汇率波动幅度有限，只要其是由市场供求决定的，外汇市场受到的行政干预较低，人民币外汇市场就可以称为是富有弹性的；反之，如果外汇市场主要是由行政力量决定的，人民币名义汇率难以反映市场供求，即使人民币兑美元名义汇率波幅加大，也不能称人民币外汇市场富有弹性。

1999～2004 年，人民币兑美元名义汇率市场化程度较低，政府干预力度较大，汇率改革基本处于停滞状态；在 2005 年之后，中国人民银行对外汇市场干预下降，人民币汇率变动更能体现市场供求力量状况，汇率弹性加大；在 2008 年下半年，受美国金融危机影响，中国人民银行对外汇市场的调控能力得到了体现，政府主动干预外汇市场，降低人民币兑美元波动幅度，稳定了人们对汇率的预期；随着金融危机影响的不断消退，2010 年 6 月 19 日，中国人民银行宣布，进一步推进人民币汇率形成机制改革，并在 2014 年 3 月进一步扩大人们币对美元名义汇率波动幅度，提高市场力量对人民币汇率的影响。

7.2.3 积极稳妥地推进人民币国际化进程

2008 年爆发的国际金融危机使越来越多的人深刻认识到，由于美国利用其国际霸权地位向全球倾销美元，同时借助金融创新和金融衍生品市场把美国金融体系的风险扩散到全世界，传统的国际货币体系蕴含了巨大的系统性风险。改革现行的国际货币体系已成为维护未来世界经济稳定发展的迫切需要。对于中国来说，进入 21 世纪以来，中国经济发展迅速，外汇储备充足，正面临难得的历史机遇。如果未来人民币国际化政策操作得当，新的国际货币体系将很可能形成美元、欧元和人民币三足鼎立的局面。

所谓人民币国际化，是指人民币走出国门，成为世界经济交往活动中被广泛接受和使用，可以自由兑换的国际性货币，成为各国政府和居民乐于持有并具有清偿能力的资产货币。人民币国际化是一个长期的动态演进过程，而积极稳妥地推进人民币国际化进程有助于降低汇率波动对我国出口贸易的影响。目前中国经济发展模式过分依赖外部需求、贸易顺差和资本项目顺差长期存在、外汇储备过高、外部失衡严重，而这些问题与我国出口创汇和积累外汇储备的理念不无关系。人民币国际化意味着中国可以使用人民币进行对外贸易和对外投资的结算，同时还可以使用人民币干预外汇市场。随着人民币国际认可度和接受程度的提高，中国可以降低外汇储备的数量。另外，在商品、服务和投资能够使用人民币结算之后，中国贸易顺差和资本项目顺差中的一部分可以不再以外汇形式存在，这有效地缓解了中国目前外部失衡的压力，而且可以有效对冲外汇储备因汇率波动而出现损失的风险。

从国际经验来看，一国货币实现国际化需要三个前提条件：第一，在世界贸易总额和国际投资总额中本国占有足够大的份额；第二，本国经济结构完善，金融市场成熟，可以有效抵御外部不利冲击；第三，资本账户完全开放。从中国目前的情况来看，第一个条件基本满足，但是由于国内经济结构还不合理，资本市场发展还不完善，应对外部冲击能力有限。目前学术界的主流观点是，人民币国际化进行应由浅入深，循序渐进。由于我国尚处于人民币国际化初期，国内金融体系改革尚未完成，对于我国资本项目开放应在严格可控的条件下进行。目前的重点工作是努力拓展人民币在国际贸易和国际投资中的应用，保持人民币汇率稳定，逐步放开资本项目管制。随着人民币国际化进程的深入发展，人民币结算功能扩大到投资领域时，可适当放开弹性，提高人民币汇率浮动幅度，加快资本项目放开速度。

7.2.4　适时调整对外贸易政策，适应新常态下外贸发展要求

目前中国经济正进入新常态，具体表现就是经济增长速度从高速转向中高速，经济增长方式从要素驱动和投资驱动转向创新驱动，发展动力从传统增长点转向新的增长点。在此背景下我国对外贸易发展表现出了两个显著特征：一是从总量上来看，2008 年国际金融危机之后世界经济增长乏力，外需疲软，我国出口增速下滑明显；二是出口产品的结构和贸易方式正在发生变化，资源型产品和劳动密集型产品出口增长放缓，技术含量和产品附加值较高的机电产品和高新技术产品出口基本稳定；一般贸易占出口比重显著提升，加工贸易出口增长放缓。在新的发展条件下，我们需要适时调整对外贸易政策，适应新常态下外贸发展要求。具体来说有以下两点。

第一，调整出口产品的结构，推动出口贸易结构优化转型。我们要在原有成本价格的比较优势上进行创新发展，通过创新提高出口产品质量，提升出口产品的附加值，从原有的以出口劳动密集产品为主逐步转向以出口资本密集型和技术密集型产品为主。长期以来，我国出口快速增长依靠的是廉价的劳动力和土地，在技术、管理、营销和产品创新上却乏善可陈。随着我国人口红利逐渐消失，在劳动力成本上的比较优势越来越小，而且高能耗高污染的产品出口不但加剧了我国能源紧张的局面，而且恶化了生态环境，不利于我国经济持续健康发展。随着人民币汇率形成机制改革的深化，人民币汇率逐渐进入上升通道，人民币升值对我国现有的外贸结构提出了挑战。面对人民币升值，2008 年东南沿海大量生产纺织品和鞋类的劳动密集型出口企业倒闭，大量工人失业，反观资本与技术密集型企业，比如机械制造等行业受到人民币升值的负面冲击就较小。因此面对新的历

史发展机遇，我们需要积极推动外贸出口结构的转型升级，不断提升服务贸易在对外贸易中的比重，提升资本密集型和技术密集型企业在对外贸易中的比重。

第二，扩大对资本品和先进技术的进口，推动贸易平衡发展。从 20 世纪 80 年代开始，我国积极参与国际分工，融入国际市场，通过加入国际分工体系来提高出口产品在国际市场上的竞争力，同时，出口导向型经济增长模式在当时的历史条件下对刺激我国经济增长和提高国民收入起到了正面作用。目前，随着我国经济体量不断增大，出口导向型经济增长模式对经济社会持续健康发展带来了一些负面冲击，如持续经常项目顺差带来的是储蓄过剩，单纯的贸易顺差增长带来的是资本积累而非资本形成，对经济增长和提高国民收入作用日趋微弱。而且伴随着持续巨额贸易顺差，特别是与美国的贸易不平衡，近些年已多次引发贸易伙伴的不满，贸易摩擦时有发生。因此避免刻意追求出口快速增长，推动贸易平衡发展已势在必行。事实上，在全球经济复苏缓慢的大背景下，我国想要继续维持巨额贸易顺差也是不现实的。国内外经济环境的现实状况要求我国转变外贸发展思路，在保持出口贸易增长的同时努力扩大进口国外资本品和先进技术，努力实现贸易平衡发展。通过大力进口国外资本品和先进技术，可以以此为媒介将储蓄向投资转化，增加国内资本存量，提高全要素生产率，促进经济结构转型，减少转型过程中对经济发展的负向冲击。

7.2.5　加快加工贸易模式转型

目前中国加工贸易存在的一个主要问题就是中间产品在国内采购的比例很低，由于国内生产的中间产品与国外产品存在质量和价格上的差距，跨国公司往往不愿意在中国采购加工贸易零配件。为了加快中国加工贸易模式转型，我们可以从提升国内产业配套能力和加快加工贸易区域转移等方面入手。

提升国内加工贸易产业配套能力首先需要升级加工贸易战略，对一些生产关键零部件和中间设备的国内厂商给予技术、资金和税收方面的支持，帮助它们提高产品质量和技术含量；其次，可以由政府主导制定部分中间产品的生产标准或规格标准，引导国内企业升级产品工序和流程，逐步缩小与国外同类产品的差距。

在加快加工贸易区域转移方面，我们需要抓住当前国际服务业转移的新趋势。对于中国东部地区来说，可以充分利用人才优势和技术优势积极争取跨国公司的服务外包业务，大力发展服务加工贸易，促进贸易结构转型升级；对于中国中西部地区来说，可以在政府政策的引导和扶持下，进一步挖掘劳动力资源的潜力，积极承接东部地区的加工贸易产业。

7.2.6　实施多元出口战略，进一步开拓国际市场，加快海外投资

从 20 世纪 90 年代开始我国就提出了“出口多元化”战略，但是从现实情况来看效果并不显著，我国主要贸易伙伴一直都集中在欧、美、日等国家和地区，且与主要贸易伙伴的贸易额在贸易总额中所占比重过大，这降低了我国外贸发展的独立性，不利于出口贸易持续健康发展。在新常态下，我国出口贸易需要扩大发展空间来获取更大的发展动能，这就要求我国除了继续深化与欧、美、日等主要贸易伙伴的贸易合作关系，还要努力拓展与俄罗斯、印度，以及中东地区、南美洲国家和非洲国家的贸易合作，形成多方位、多层次、多元化的贸易发展格局。

除此以外，随着“一带一路”倡议的提出，我国正在鼓励国内企业“走出去”，加快海外投资与生产，我国经济发展的重点已由原来的吸引海外投资转向资本输出和产能输出。在人民币升值的大背景下，国内企业进行海外投资的成本相对下降，从而有利于国内企业以较低的成本在海外投资建厂，依靠当地区位优势从事生产活动，通过合理利用全球资源不断降低生产和交易成本，从而实现规模化生产，建立全球范围的生产和销售网络。

参 考 文 献

安烨，张国兵. 2012. 人民币对“一篮子货币”汇率的波动——非线性 Fourier 函数分析. 国际金融研究，(2)：16-23.

白晓燕，郭昱. 2014. 汇改前后人民币汇率预期的波动特征研究. 国际金融研究，(6)：31-39.

陈继勇，刘威. 2006. 美中贸易的“外资引致逆差”问题研究. 世界经济，(9)：42-48.

陈继勇，刘威. 2008. 产品内分工视角下美中贸易失衡中的利益分配. 财经问题研究，(11)：111-116.

陈学彬，徐明东. 2007. 人民币实际汇率变动对我国进出口贸易影响：1997—2006. 亚太经济，(3)：57-63.

储幼阳. 2004. 人民币均衡汇率实证研究. 国际金融研究，24 (5)：19-24.

戴翔，张二震. 2011. 危机冲击、汇率波动与出口绩效——基于跨国面板数据的实证分析. 金融研究，(8)：47-57.

丁剑平. 2003. 汇率波动与亚洲的经济增长. 世界经济，(7)：15-22.

窦祥胜. 2006. 西方均衡汇率理论述评. 经济评论，(5)：147-152.

窦祥胜，杨炘. 2004. 人民币均衡汇率估计：粘性价格目标区模型方法. 统计研究，21(4)：55-59.

杜兆瑜，吴奉刚. 2010. 汇率影响实体经济的资产价格路径. 财经科学，(7)：63-70.

鄂永健，丁剑平. 2007. 差别消费权重、生产率与实际汇率：动态一般均衡模型对巴拉萨-萨缪尔森假说的扩展. 世界经济，(3)：49-58.

范爱军，卞学字. 2013. 跨期消费平滑模型与中国国际资本流动性度量——兼析汇率因素的影响. 国际金融研究，(3)：68-78.

傅章彦. 2008. 消费-实际汇率悖论在中国的实证检验. 经济评论，(4)：71-78.

高海红. 2003. 实际汇率与经济增长：运用边限检验方法检验巴拉萨-萨缪尔森假说. 世界经济，(7)：3-14.

高海红，陈晓莉. 2005. 汇率与经济增长：对亚洲经济体的检验. 世界经济，(10)：3-17.

高运胜，尚宇红，潘群娣. 2012. 欧元汇率波动对中欧商品贸易的影响研究——基于 SITC 分类的汇率弹性测算. 欧洲研究，(6)：41-53.

高志红，侯杰. 2006. 巴拉萨-萨缪尔森命题研究综述. 经济评论，(4)：71-75.

龚秀国. 2010. 中国式“荷兰病”与外来直接投资研究. 世界经济研究，(10)：63-68.

谷宇，高铁梅. 2007. 人民币汇率波动性对中国进出口影响的分析. 世界经济，(10)：49-57.

关志雄. 2008. 通货膨胀与汇率升值并存的分析——人民币对内贬值和对外升值的原因. 世界经济研究，(6)：29-31.

郭莹莹. 2014. 人民币汇率的长短期影响因素分析——基于马尔科夫区制转换模型. 国际贸易问题，(2)：156-166.

韩民春，樊琦. 2007. 国际原油价格波动与我国工业制成品出口的相关关系研究. 数量经济技术经济研究，24 (2)：64-72.

郝景芳，马弘. 2012. 引力模型的新进展及对中国对外贸易的检验. 数量经济技术经济研究，(10)：52-68.

何国华，陈骏. 2007. 汇率变动与经济增长关系研究新进展. 经济学动态，（1）：92-97.
何暑子，范从来. 2012. 汇率冲击与贸易部门和非贸易部门的均衡发展. 国际金融研究，（12）：65-73.
贺刚. 2012. 人民币汇率严重低估了吗？国际金融研究，（2）：4-15.
胡利琴，彭红枫，李艳丽. 2014. 中国外汇市场压力与货币政策——基于 TVP-VAR 模型的实证研究. 国际金融研究，（7）：87-96.
胡再勇. 2013. 人民币对美元实际汇率变化：巴拉萨-萨缪尔森效应还是一价定律偏离？世界经济研究，（3）：16-21.
黄海洲，Malhotra P. 2005. 汇率制度与经济增长：来自亚洲发展中国家和欧洲发达国家的经验研究. 经济学（季刊），（3）：971-990.
黄基伟，于中鑫. 2011. 中美贸易逆差与人民币升值的悖论研究. 国际贸易问题，（3）：140-149.
黄寿峰，陈浪南，黄榆舒. 2011. 人民币汇率变动的物价传递效应：多结构变化协整回归分析. 国际金融研究，（4）：47-55.
姜波克，刘沁清. 2009. 国际金融研究中汇率的地位和作用. 国际金融研究，（4）：57-63.
姜波克，许少强，李天栋. 2004. 经济增长中均衡汇率的实现与作用. 国际金融研究，（12）：51-57.
姜新旺，李未无. 2006. “H-M-K 假说”的检验——基于中国贸易结构数据的实证研究. 国际贸易问题，（4）：22-28.
姜昱，邢曙光，杨胜刚. 2011. 汇率波动对我国进出口影响的门限效应. 世界经济研究，（7）：36-42.
金雪军，王义中. 2008. 理解人民币汇率的均衡、失调、波动与调整. 经济研究，（1）：46-59.
金永军，陈柳钦. 人民币汇率制度改革评述. 国际金融研究, 2006（1）：73-79.
鞠建东，马弘，魏自儒，等. 2012. 中美贸易的反比较优势之谜. 经济学（季刊），（3）：805-832.
李斌. 2011. 经济增长、B-S 效应与通货膨胀容忍度. 经济学动态，（1）：61-66.
李富有，罗莹. 2013. 人民币汇率传递的物价效应分析——基于引入虚拟变量的 ARDL 模型的实证研究. 国际金融研究，（2）：67-73.
李广众，Voon L P. 2004. 实际汇率错位、汇率波动性及其对制造业出口贸易影响的实证分析：1978～1998 年平行数据研究. 管理世界，（11）：22-28.
李建伟，余明. 2003. 人民币有效汇率的波动及其对中国经济增长的影响. 世界经济，（11）：21-34.
李平，张红霞，王学真. 2004. 宏观经济政策、汇率制度与经济增长. 财政研究，（4）：11-13.
李巍，张志超. 2008. 不同类型资本账户开放的效应：实际汇率和经济增长波动. 世界经济，（10）：33-45.
李未无. 2005. 实际汇率与经济增长：来自中国的证据. 管理世界，（2）：17-26.
梁琦，徐原. 汇率对中国进出口贸易的影响——兼论 2005 年人民币汇率机制改革. 管理世界，2006（1）: 48-56.
林伯强. 2002. 人民币均衡实际汇率的估计与实际汇率错位的测算. 经济研究，（12）：60-69.
林毅夫. 2007. 关于人民币汇率问题的思考与政策建议. 国际经济评论，（3）：9-14.
刘惠好，李蔚，苏振天. 2014. 巴拉萨-萨缪尔森假说理论拓展与实证——基于中国国情. 财贸研究，（3）：108-116.

刘沁清. 2007. 汇率变动、企业行为和内涵经济增长的再刻画. 国际金融研究，(1)：63-67.
刘涛. 2013. 汇率偏好、游说竞争及中国主要产业部门的汇率政策影响力评估. 金融研究，(2)：87-100.
刘伟，许宪春，蔡志洲. 2004. 从长期发展战略看中国经济增长. 管理世界，(7)：6-14.
刘宇，姜波克. 2008. 汇率变动与经济增长方式的转换——基于结构优化的视角. 国际金融研究，(10)：45-50.
卢锋. 2006. 人民币实际汇率之谜（1979—2005）——基于事实比较和文献述评的观察. 经济学（季刊），5（3）：635-673.
卢锋，韩晓亚. 2006. 长期经济成长与实际汇率演变. 经济研究，(7)：4-14.
卢锋，刘鎏. 2007. 我国两部门劳动生产率增长及国际比较（1978—2005）——基于巴拉萨-萨缪尔森效应与人民币实际汇率关系的重新考察. 经济学（季刊），6（2）：357-380.
卢万青. 2010. 比较优势、最终消费与我国贸易顺差——兼论全球经济危机和人民币汇率对贸易顺差的冲击. 统计研究，(4)：63-70.
卢万青，陈建梁. 2007. 人民币汇率变动对我国经济增长影响的实证研究. 金融研究，(2)：26-36.
卢向前，戴国强. 2005. 人民币实际汇率波动对我国进出口的影响：1994—2003. 经济研究，(5)：31-39.
罗成，车维汉. 2014. 人民币汇率变动与中美关系的演变——基于财富权力转化机制的实证分析. 国际金融研究，(5)：31-41.
罗知，郭熙保. 2010. 进口商品价格波动对城镇居民消费支出的影响. 经济研究，(12)：111-124.
马丹. 2007. 人民币实际汇率错位与中国国际竞争力. 数量经济技术经济研究，(5)：62-69.
马国轩，于润. 2013. 人民币均衡汇率波动的影响因素分析. 经济科学，35（5）：76-87.
马君潞，吕剑. 2008. 巴拉萨-萨缪尔森效应假说：研究进展及其启示. 经济评论，(4)：119-124.
毛中根，段军山. 2011. 汇率与居民消费关系研究述评. 经济学动态，(4)：146-150.
毛中根，洪涛，叶胥. 2014. 汇率波动与居民消费：基于中国、美国、日本数据的检验. 世界经济研究，(1)：16-21.
孟猛，郑昭阳. 2008. 人民币实际汇率和汇率错位对中国制造业出口贸易的影响——基于中国和主要贸易伙伴间面板数据的实证研究. 世界经济研究，(5)：51-58.
莫涛. 2007. 汇率变动、产品附加值和内涵经济增长. 国际金融研究，(1)：58-62.
潘红宇. 2007. 汇率波动率与中国对主要贸易伙伴的出口. 数量经济技术经济研究，(2)：73-82.
潘锡泉，郭福春. 2012. 升值背景下人民币汇率、FDI 与经济增长动态时变效应研究. 世界经济研究，(6)：24-29.
全惟幸. 2003. 贸易结构与汇率——从中日比较看巴拉萨-萨缪尔逊假设. 世界经济研究，(11)：42-48.
沈国兵. 2005. 美中贸易收支与人民币汇率关系：实证分析. 当代财经，(1)：43-47.
施建淮，余海丰. 2005. 人民币均衡汇率与汇率失调：1991—2004. 经济研究，(4)：34-45.
苏海峰，陈浪南. 2014. 人民币汇率变动对中国贸易收支时变性影响的实证研究——基于半参数函数化系数模型. 国际金融研究，(2)：43-52.
孙茂辉. 2006. 人民币自然均衡实际汇率：1978—2004. 经济研究，(11)：92-101.
孙霄翀，宋逢明. 人民币汇率升值对我国贸易影响的评估[J]. 国际贸易问题，2008（1）：87-97.

谭祖谊. 2013. 人民币汇率错位的原因、影响及其程度的模型估计——国外理论与实证研究文献综述. 国外理论动态，(6)：65-70.

唐东波. 2008. 实际有效汇率、财政赤字与中国经济增长. 数量经济技术经济研究，(7)：3-17.

唐旭，钱士春. 2007. 相对劳动生产率变动对人民币实际汇率的影响分析——哈罗德-巴拉萨-萨缪尔森效应实证分析. 金融研究，(5)：1-14.

万解秋，徐涛. 2004. 汇率调整对中国就业的影响——基于理论与经验的研究. 经济研究，(2)：39-46.

王国安，范昌子. 2006. 中欧贸易互补性研究——基于比较优势理论和产业内贸易理论的实证分析. 国际贸易问题，(3)：61-66.

王胜，陈继勇，吴宏. 2007. 中美贸易顺差与人民币汇率关系的实证分析. 国际贸易问题，(5)：34-40.

王维国，关大宇. 2008. 中国出口商品生产效率结构与汇率关系的实证分析——新视角下巴拉萨-萨缪尔森效应的解释. 数量经济技术经济研究，(12)：26-36.

王义中. 2009. 人民币内外均衡汇率：1982—2010 年. 数量经济技术经济研究，(5)：68-80.

王泽填，姚洋. 2009. 结构转型与巴拉萨-萨缪尔森效应. 世界经济，(4)：38-49.

吴骏，周永务，王俊峰. 2006. 对蒙代尔-弗莱明模型的修正——中国经济增长对人民币汇率作用机制. 数量经济技术经济研究，(6)：116-123.

吴丽华，王锋. 2006. 人民币实际汇率错位的经济效应实证研究. 经济研究，(7)：15-28.

向东. 2004. 汇率变动的支出转换效应——新开放经济宏观经济学的观点综述. 国际金融研究，(1)：50-55.

项后军，潘锡泉. 2010. 人民币汇率真的被低估了吗？统计研究，27（8）：21-32.

谢建国，陈漓高. 2002. 人民币汇率与贸易收支：协整研究与冲击分解. 世界经济，(9)：27-34.

徐国祥，杨振建. 2013. 人民币分别与发达市场和新兴市场货币汇率波动传导效应研究——基于多元 BEKK-MGARCH 模型的波动传导测试. 金融研究，(6)：46-59.

徐国祥，杨振建，郑雯. 2014. 人民币汇率指数编制及其与宏观经济变量的联动分析. 统计研究，(4)：39-50.

徐建炜，杨盼盼. 2011. 理解中国的实际汇率：一价定律偏离还是相对价格变动？经济研究，(7)：78-90.

徐剑刚，唐国兴. 2003. 短期利率与长期利率间的隐藏协整分析. 复旦学报(自然科学版)，42(5)：779-786.

徐炜，裴平，王亮洁. 2011. 人民币汇率与中国居民消费的实证研究. 南京师大学报（社会科学版），(6)：57-63.

许少强，朱真丽. 2002. 1949—2000 年的人民币汇率史. 上海：上海财经大学出版社.

薛敬孝，张晓东. 2004. 大国快速经济增长引致汇率走强的理论与实证分析. 南开经济研究，(2)：24-31.

杨盼盼，徐建炜. 2011. 实际汇率的概念、测度及影响因素研究：文献综述. 世界经济，(9)：66-94.

杨全发，杨泽文，谭卫红. 2008. 人民币内部真实汇率的测算及汇率错位分析——基于巴拉萨-萨缪尔森效应. 南方经济，(10)：45-53.

杨雪峰. 2013. 人民币汇率对我国出口影响的实证研究. 世界经济研究，（6）：40-44.
杨勇，张彬. 2009. 生产效应、贸易效应与中欧贸易流量分析——基于 Michaely 指数的面板数据协整分析. 数量经济技术经济研究，（7）：99-108.
杨长江，钟宁桦. 2012. 购买力平价与人民币均衡汇率. 金融研究，（1）：36-50.
姚树洁，韦开蕾. 2008. 中国经济增长、外商直接投资和出口贸易的互动实证分析. 经济学（季刊），（1）：151-170.
余珊萍. 2005. 汇率波动对我国出口影响的实证研究. 东南大学学报（哲学社会科学版），（2）：13-19.
俞萌. 2001. 人民币汇率的巴拉萨-萨缪尔森效应分析. 世界经济，（5）：24-28.
袁申国，陈平，刘兰凤. 2011. 汇率制度、金融加速器和经济波动. 经济研究，（1）：57-70.
袁伟彦，李文溥. 2010. 中国货币政策的汇率传递效应及形成机制——基于 SVAR 与动态一般均衡（DGE）模型的分析. 管理世界，（12）：53-64.
曾林阳. 2009. 国际石油现货价格波动对我国通货膨胀率波动的影响. 国际贸易问题，（4）：74-80.
张斌. 2003. 人民币均衡汇率：简约一般均衡下的单方程模型研究. 世界经济，（11）：3-12.
张德进. 2014. 人民币汇率变化对资本劳动比例的影响研究——基于 1998—2011 年制造业各行业分析. 国际贸易问题，（1）：147-157.
张欣，崔日明. 2013. 基于非对称随机波动模型的人民币汇率波动特征研究. 国际金融研究，（1）：28-37.
张志柏. 2005. 以相对购买力平价估值人民币汇率. 国际金融研究，（6）：52-56.
张志柏. 2012. 人民币汇率错位实证分析——基于面板行为均衡汇率模型. 经济科学，（2）：60-71.
张自然，丁日佳. 2012. 人民币外汇市场间不对称汇率变动的实证研究. 国际金融研究，（2）：85-95.
赵华春，Forrest J, 熊云明. 2011. 人民币实际有效汇率与中澳贸易收支的关系——基于向量误差修正模型（VEC）分析. 华东经济管理，25（8）：56-60.
赵文军. 2014. 实际汇率升值与经济增长方式转变——基于我国省际面板数据的实证研究. 国际贸易问题，（3）：131-143.
赵先立. 2013. 人民币实际汇率决定与失调的新视角——基于 NOEM 框架. 经济评论，（1）：60-70.
赵永亮，干杏娣，熊德平. 2011. 人民币实际有效汇率升值对中国产出影响的实证研究. 世界经济研究，（6）：16-21.
钟伟，魏伟. 2014. 经济增长、汇率和房地产：国际比较及对中国的启示. 国际金融研究，（6）：3-9.
周文贵，陈梁. 2011. 人民币名义汇率变动对中美贸易收支影响的研究——基于毕肯戴克-罗宾逊-梅茨勒条件视角的实证分析. 金融经济学研究，26（6）：108-118.
周宇. 2003. 人民币汇率不宜升值的五大理由. 世界经济研究，（11）：36-41.
邹宏元，李晓斌. 2008. 人民币汇率偏离均衡程度的估计：在宏观经济平衡框架下的分析. 国际金融研究，（10）：68-74.

Abdul A，Amine L. 2014. Monetary policy credibility and exchange rate pass-through：some evidence from emerging countries. Economic Modeling，43（6）：21-29.

Abrams R K. 1980. Regional banks and international banking. Economic Review，（Nov）：3-14.

Aghion P，Bacchetta P，Ranciere R，et al. 2009. Exchange rate volatility and productivity growth：the role of financial development. Journal of Monetary Economics，56（4）：494-513.

Aghion P，Howitt P，Mayer-Foulkes D. 2005. The effect of financial development on convergence：theory and evidence. Quarterly Journal of Economics，120（1）：173-222.

Ahmed S. Are Chinese exports sensitive to changes in the exchange rate? International Finance Discussion Papers, 2010（987）.

Amit G. 2014. A comparison of exchange rate regime choice in emerging markets with advanced and low income nations for 1999–2011. International Review of Economics & Finance，33（9）：358-370.

Arize A C，Osang T，Slottje D J. 2000. Exchange rate volatility and foreign trade：evidence from thirteen IDC′s. Journal of Business and Economic Statistics，18（1）：10-17.

Baak S J. 2012. Measuring misalignments in the Korean exchange rate. Japan and the World Economy，24（4）：227-234.

Bacchetta P, Wincoop E V. Does exchange-rate stability increase trade and welfare? American Economic Review, 2000, 90(5): 1093-1109.

Backus D K, Crucini M J. 2000. Oil prices and the terms of trade. Journal of International Economics，50（1）：185-213.

Backus D K，Smith G W. 1993. Consumption and real exchange rates in dynamic economies with non-traded goods. Journal of International Economics，35（3）：297-316.

Bahmani-Oskoee M，Niroomand F. 1998. Long-run price elasticity and the Marshall-Lener condition revisited. Economics Letters，61（10）：101-109.

Bahmani-Oskooee M，Hajilee M. 2010. On the relation between currency depreciation and domestic investment. Journal of Post Keynesian Economics，32（4）：645-660.

Bahmani-Oskooee M，Hegerty S. 2007. Exchange rate volatility and trade flows：a review article. Journal of Economic Studies，34（7）：211-255.

Balwin R. 1988. Hysteresis in import prices：the beachhead effect. American Economic Review，78（4）：773-785.

Baum C，Caglayan M. 2010. On the sensitivity of the volume and volatility of bilateral trade flows to exchange rate uncertainty. Journal of International Money and Finance，29（6）：79-93.

Baum C，Caglayan M，Ozkan N. 2004. Nonlinear effects of exchange rate volatility on the volume of bilateral exports. Journal of Applied Econometrics，19（5）：1-23.

Baxter M，Stockman A. 1989. Business cycles and the exchange rate regime. Journal of Monetary Economics，23（3）：377-400.

Bhattarai K，Mallick S. 2013. Impact of China′s currency valuation and Labor cost on the US in a trade and exchange rate model. The North American Journal of Economics and Finance，25（8）：40-59.

Bineau Y. 2010. Renminbi′s misalignment：a meta-analysis. Economic Systems，34（3）：259-269.

Blecker R，Razmi A. 2008. The contractionary short-run effects of nominal devaluation in developing countries：some neglected nuances. Cambridge Journal of Economics，32（1）：83-109.

Bodenstein M, Guerrieri L. 2011. Oil efficiency, demand, and prices: a tale of ups and downs. Martin Bodenstein, 49（3）： 1-41.

Bown C，Crowley M. 2013. Import protection，business cycles，and exchange rates：evidence from the great recession. Journal of International Economics，90（1）：50-64.

Broda C. 2004. Terms of trade and exchange rate regimes in developing countries. Journal of International Economics，63（7）：31-58.

Calvo G A，Reinhart C M. 2002. Fear of floating. Quarterly Journal of Economics，34（9）：379-408.

Cerrato M，Kim H，Macdonald R. 2013. Equilibrium exchange rate determination and multiple structural changes. Journal of Empirical Finance，22（7）：52-66.

Clark P B. 1973. Uncertainty, exchange risk, and the level of international trade. Economic Inquiry, 11（3）：302-313.

Clark P B, Wei S J, Tamirisa N, et al. 2004. A new look at exchange rate volatility and trade flows. IMF Occasional Papers，235.

Clark P, Macdonald R. Exchange rates and economic fundamentals: a methodological comparison of BEERs and FEERs. Social Science Electronic Publishing, 1998, 98（67）：285-322.

CÔTÉ A. 1994. Exchange rate volatility and trade-a survey. Bank of Canada, Working Paper No. 945.

Coudert V, Couharde C. 2007. Real equilibrium exchange rate in China. Is the renminbi undervalued? Journal of Asian Economics, 18（4）：568-594.

Couharde C，Sallenave A. 2013. How do currency misalignments′ threshold affect economic growth? Journal of Macroeconomics，36（7）：106-120.

Coulibaly I，Gnimassoun B. 2013. Optimality of a monetary union：new evidence from exchange rate misalignments in West Africa. Economic Modelling，32（5）：463-482.

Dagdeviren S，Binatli A O，Sohrabji N. 2012. Misalignment under different exchange rate regimes：the case of Turkey. International Economics，130（2）：81-98.

De Grauwe P，Schnabl G. 2008. Exchange rate stability，inflation，and growth in eastern and central Europe. Review of Development Economics，12（3）：530-549.

Devereux M B，Engel C，Tille C. 2003. Exchanger rate pass-through and the welfare effects of the Euro. International Economic Review，44（1）：223-242.

Dornbusch R. 1987. Exchange rates and price. American Economic Review，77（1）：93-106.

Dubas J M，Lee B J，Mark N C. 2005. Effective exchange rate classifications and growth. NEER Working Paper，NO.11272.

Edwards S. 1989. Exchange rate misalignment in developing countries. World Bank Research Observer，4（1）：3-21.

Edwards S，Levy-Yeyati E. 2005. Flexible exchange rates as shock absorbers. European Economic Review，49（8）：2079-2105.

Elbadawi I A，Kaltani L，Soto R. 2012. Aid，real exchange rate misalignment，and economic growth in Sub-Saharan Africa. World Development，40（4)：681-700.

Engle R F, Granger C W J. 1987. Co-integration and error correction: representation, estimation, and testing. Econometrica，55（2)：251-276.

Ethier W. 1973. International trade and the forward exchange market. American Economic Review，63（3)：494-503.

Fang W，Lai Y，Miller S. 2009. Does exchange rate risk affect exports asymmetrically? Asian evidence. Journal of International Money and Finance，28（8)：215-239.

Firat D. 2013. Growth under exchange rate volatility：does access to foreign or domestic Equity markets matter? Journal of Development Economics，100（1)：74-88.

Flood R P，Rose A K. 1995. Fixing exchange rates：a virtual quest for fundamentals. Journal of Monetary Economics，36（10)：3-37.

Franke G. 1991. Exchange rate volatility and international trading strategy. Journal of International Money and Finance，10（2)：292-307.

Frankel J. 2005. On the Yuan: the choice between adjustment under a fixed exchange rate and adjustment under a flexible rate. NBER Working Papers，52（2)：246-275.

Gala P. 2008. Real exchange rate levels and economic development：theoretical analysis and econometric evidence. Cambridge Journal of Economics，32（2)：273-288.

Gan C，Ward B，Su T T，et al. 2013. An empirical analysis of China′s equilibrium exchange rate：a co-integration approach. Journal of Asian Economics，29（12)：33-44.

Ghosh A，Gulde A M，Wolf H C. 2003. Exchange Rate Regimes：Choices and Consequences. Cambridge：MIT Press.

Godlfajn I, Valdes R. 1999. The aftermath of appreciations. Quarterly Journal of Economics, 114(9)：229-262.

Goldberg P K，Knetter M M. 1997. Goods prices and exchange rates：what have we learned? Journal of Economic Literature，35（3)：1243-1272.

Goshe D，Kharas H. 1993. International competitiveness，the demand for exports and real effective exchange rates in developing countries. Journal of Development Economics，41（5)：377-398.

Grauwe P D. 1988. Exchange rate variability and the slowdown in growth of international trade. Staff Papers，35（1)：63-84.

Grauwe P D. Exchange rate variability and the slowdown in growth of international trade. Staff Papers, 1988, 35（1)：63-84.

Grier K，Henry O，Olekalns N，et al. 2004. The asymmetric effect of uncertainty on inflation and output growth. Journal of Applied Econometrics，19（3)：551-565.

Grier K，Smallwood A. 2007. Uncertainty and export performance：evidence from 18 countries. Journal of Money，Credit，and Banking，39（6)：965-979.

Grossmann A，Orlov A G. 2012. Exchange rate misalignments in frequency domain. International Review of Economics & Finance，24（8)：185-199.

Hau H. 2002. Real exchange rate volatility and economic openness：theory and evidence. Journal of Money，Credit and Banking，34（3)：611-630.

Hausmann R，Panizza U，Rigobon R. 2006. The long-run volatility puzzle of the real exchange rate. Journal of International Money and Finance，25（8）：93-124.

Hausmann R，Pritchett L，Rodrik D. 2005. Growth accelerations. Journal of Economic Growth，10（6）：303-329.

Hinkle L E, Montiel P J. 2000. Exchange rate misalignment: concepts and measurement for developing countries. Oup Catalogue，57（1）：257-260.

Hooper P, Kohlhagen S W. 1978. The effect of exchange rate uncertainty on the prices and volume of international trade. Journal of International Economics，8（4）：483-511.

Husain A M，Mody A，Rogoff K. 2005. Exchange rate regime durability and performance in developing versus advanced economies. Journal of Monetary Economics，52（5）：35-64.

Jean-Pierre A，Audrey S. 2014. The impact of real exchange rates adjustments on global imbalances：a multilateral approach. Economic Modeling，37（2）：149-163.

Johansen S, Juselius K. Maximum likelihood estimation and inference on cointegration—with applications to the demand for money. Oxford Bulletin of Economics & Statistics, 1990, 52（2）：169-210.

Johansen S. Estimation and hypothesis testing of cointegration vectors in gaussian vector autoregressive models. Econometrica, 1991, 59（6）：1551-1580.

Johansen S. Likelihood-based inference in cointegrated vector autoregressive models. Oxford University Press, 1995.

Keshab B. 2014. Money and economic growth. The Journal of Economic Asymmetries，11（7）：8-18.

Kia A. 2013. Determinants of the real exchange rate in a small open economy：evidence from Canada. Journal of International Financial Markets，Institutions & Money，23（2）：163-178.

Kilian L.2009. Not all oil price shocks are alike: disentangling demand and supply shocks in the crude oil market. American Economic Review，99（3）：1053-1069.

Kollmann R. 1995. Consumption，real exchange rates，and the structure of international capital markets. Journal of International Money and Finance，14（2）：191-211.

Kroner K，Lastrapes W. 1993. The impact of exchange rate volatility on international trade：reduced form estimates using the GARCH-in-mean model. Journal of International Money and Finance，12（4）：298-318.

Lau F, Li K.2004. The impact of a Renminbi appreciation on global imbalances and intra-regional trade. Hong Kong Monetary Authority Quarterly Bulletin，16-26.

Laursen S, Metzler L A. 1950. Flexible exchange rates and the theory of employment. Review of Economics & Statistics，32（4）：281-299.

Lee J，Chinn M. 2006. Current account and real exchange rate dynamics in the G7 countries. Journal of International Money and Finance，25（7）：257-274.

Levine R，Loayza N，Beck T. 2000. Financial intermediation and growth：causality and causes. Journal of Monetary Economics，46（1）：31-77.

Levine R，Renelt D. 1992. A sensitivity analysis of cross-country growth regressions. American Economic Review，82（4）：942-963.

Levy-Yeyati E，Sturzenegger F. 2003. To float or to fix：evidence on the impact of exchange rate regimes on growth. American Economic Review，93（3）：1173-1193.

Levy-Yeyati E，Sturzenegger F. 2005. Classifying exchange rate regimes：deeds versus words. European Economic Review，49（8）：1603-1635.

Lin S，Ye H. 2013. The role of financial development in exchange rate regime choices. Journal of International Money and Finance，30（4）：641-659.

Loayza N，Ranciere R. 2006. Financial development，financial fragility and growth. Journal of Money，Credit and Banking，38（4）：1051-1076.

Lothian J R, Taylor M P. 2008. Real exchange rates over the past two centuries: how important is the Harrod-Balassa-Samuelson effect? Economic Journal，118（532）：1742-1763.

Maddala G S, Kim I M. 1998. Unit Roots, Cointegration, and Structural Change. Unit roots, Cointegration, and Structural Change. New York: Cambridge University Press：339-355.

Magee S P. 1973. Currency contracts, pass-through, and devaluation. Brookings Papers on Economic Activity，（1）：303-325.

Mankiw N G，Romer D，Weil D. 1992. A contribution to the empirics of economic growth. Quarterly Journal of Economics，19（5）：407-437.

Mbaye S. 2013. Currency undervaluation and growth：is there a productivity Channel? International Economics，133（5）：8-28.

McDonald B. 1998. Foreign direct investment. The World Trading System. Palgrave Macmillan UK, 291-314.

Mckenzie M. 1999. The impact of exchange rate volatility on international trade flows. Journal of Economic Surveys，13（11）：71-106.

Meese R，Rogoff K. 1983. Empirical exchange rate models of the seventies. Do they fit out of sample? Journal of International Economics，14（5）：3-24.

Mendoza E. 1997. Terms-of-trade uncertainty and economic growth. Journal of Development Economics，54（2）：323-356.

Mohammad T H，Prasad S B，Debdulal M，et al. 2014. An empirical inquiry into the role of sectoral diversification in exchange rate regime choice. European Economic Review，67（4）：210-227.

Montiel, Peter J. 1999b. The Long2Run Equilibrium Exchange Rate: Conceptual Issues and Empirical Research. In Lawrence Hinkle and Peter J. Montiel, Eds. Exchange Rate Misalignment: Concepts and Measurement for Developing Countries, pp. 219-263, A World Bank Research Publication, Oxford: Oxford Univ. Press.

Mundell R. 1961. A theory of optimal currency areas. American Economic Review，51（8）：657-665.

Nicita A. 2013. Exchange rates，international trade and trade policies. International Economics，135（10）：47-61.

Nouira R，Plane P，Sekkat K. 2013. Exchange rate undervaluation and manufactured exports：a deliberate strategy? Journal of Comparative Economics，39（12）：584-601.

Ouyang A Y，Rajan R S. 2013. Real exchange rate fluctuations and the relative importance of nontradables. Journal of International Money and Finance，32（2）：844-855.

Phillips P C B. 1991. The Long-Run Australian Consumption Function Reexamined: An Empirical Exercise in Bayesian Influence. Cowles Foundation Discussion Papers.

Porcile G，Lima G T. 2010. Real exchange rate and elasticity of labor supply in a balance-of-payments-constrained macrodynamics. Cambridge Journal of Economics，34（6）：1019-1039.

Prasad E，Rajan R，Subramanian A. 2007. Foreign capital and economic growth. Brookings Papers on Economic Activity，19（1）：1-57.

Rahman S，Serletis A. 2009. The effects of exchange rate uncertainty on exports. Journal of Macroeconomics，31（10）：500-509.

Rajan R，Zingales L. 1998. Financial dependence and growth. American Economic Review，88（6）：559-586.

Ramey G，Ramey V. 1995. Cross-country evidence on the link between volatility and growth. American Economic Review，85（5）：1138-1151.

Rangan G，Shawkat H，Won J K，et al. 2014. Forecasting China′s foreign exchange reserves using dynamic model averaging：the roles of macroeconomic fundamentals，financial stress and economic uncertainty. The North American Journal of Economics and Finance，28（4）：170-189.

Razin O，Collins S M. 1997. Exchange rate misalignment and growth. NBER Working Paper，NO.6174.

Reinhart C M. Devaluation, relative prices, and international trade: evidence from developing countries. Staff Papers, 1995, 42（2）：290-312.

Reinhart C，Rogoff K. 2004. The modern history of exchange rate classifications：a reinterpretation. Quarterly Journal of Economics，119（5）：1-48.

Reinhart, Carmen. Devaluation, Relative Prices, and International Trade：Evidence from Developing Countries// University Library of Munich, Germany, 1995：290-312.

Rodrik D. 2008. The real exchange rate and economic growth. Brookings Papers on Economic Activity，21（2）：365-412.

Ros J，Skott P. 1998. Dynamic effect of trade liberalization and currency overvaluation under conditions of increasing returns. The Manchester School of Economic and Social Study，66（4）：466-489.

Rose A. 1991. The role of exchange rates in a popular model of international trade-does the Marshall-Lerner condition hold？Journal of International Economics，30（4）：301-316.

Salvatore D. 2012. Exchange rate misalignments and the present international monetary system. Journal of Policy Modeling，34（4）：596-604.

Sercu P，Vanhulle C. 1992. Exchange rate volatility，international trade，and the value of exporting firms. Journal of Banking and Finance，16（9）：155-182.

Taylor M P. 2006. Real exchange rates and purchasing power parity: mean-reversion in economic thought. Applied Financial Economics，16（1-2）：1-17.

Tenreyro S. 2007. On the trade impact of nominal exchange rate volatility. Journal of Development Economics，82（4）：485-508.

Terra C，Valladares F. 2010. Real exchange rate misalignments. International Review of Economics

& Finance，19（1）：119-144.

Thihong T D，Karine G. 2014. Real exchange rate and productivity in a specific-factor model with skilled and unskilled labor. Journal of Macroeconomics，40（6）：1-15.

Thorbecke W. 2006. How would an appreciation of the renminbi affect the U.S. trade deficit with China? Topics in Macroeconomics，6（3）：1454-1454.

Viaene J M，De Vries C. 1992. International trade and exchange rate volatility. European Economic Review，36（8）：1311-1322.

Wei Dong，Deokwoo N. 2013. Exchange rates and individual good's price misalignment：evidence of long-horizon predictability. Journal of International Money and Finance，32（2）：611-636.

Williamson J. The exchange rate system. Institute of International Economics, 1983.

Williamson J. 1983. The exchange rate system. Institute of International Economics, 73（4）：519-540.

Yin W W，Li J Y. 2014. Macroeconomic fundamentals and the exchange rate dynamics：a no-arbitrage macro-finance approach. Journal of International Money and Finance，41（3）：8-18.

You K, Sarantis N. 2011. Structural breaks and the equilibrium Chinese Yuan/US Dollar real exchange rate：a FEER approach. Review of International Economics，19（5）：791-808.

后　记

本书是在我的博士学位论文的基础上完成的。攻读博士学位三年的学习生活丰富了我的理论知识体系、拓展了我的思维、开阔了我的视野、提升了我的人生素养，使我受益匪浅。从收集、整理、思索、停滞、修改直至最终完成本书的过程中，我得到了许多人的关怀和帮助，在此要向他们表示我最诚挚的谢意。

首先要感谢王胜教授。在撰写博士学位论文的过程中，从选题、构思、谋篇到最后的字斟句酌，王胜教授不厌其烦，多次指导我进行修改。本书得以顺利完成，离不开王教授对我的悉心指导。借此机会谨向王胜教授表达我最崇高的敬意和最诚挚的感谢。同时，还要感谢陈继勇教授、张彬教授、李卓教授、张建清教授、林玲教授、齐绍洲教授和刘再起教授对论文提出的修改意见，各位老师仔细认真的精神值得我终身学习。我还要感谢在我攻读硕士学位期间的导师何耀教授，正是何老师对我学术上的指导和提携为我继续攻读博士学位打下了坚实的基础。

在工作六年之后重返武汉大学攻读博士学位，除了丰富了知识，开阔了视野，还有幸结识了很多才华横溢的同学，他们在三年学习生活中给我的慷慨帮助让我无限感激，与他们在一起的欢乐时光将永远珍藏在我心中，因此在这里要感谢蒋坦、葛明、余罡、姚鹏、刘沐泽、宋平凡、章涛、祁毓、李洪斌、占超群。

感谢我的父母，他们永远是我坚强的后盾。多年来，他们一直从各个方面默默给予我无私的关怀，保障我能够顺利完成学业。还要感谢我的妻子，在可爱的儿子出生之后，我忙于博士课程的学习，无法替她分担各种家务，她在努力工作的同时还要照顾儿子，操持家务，在这里要向她道一声：辛苦了！

要感谢的人还有很多很多，恕不能一一列举。只想一并把最诚挚的谢意和最美好的祝福送给所有默默关心支持我的亲友、老师和同学，祝你们永远安康幸福！

同时本书参考了大量的文献资料，在此，向各学术界的前辈们致敬！

曾　智

2018 年 1 月